高校网络教学空间构建实践

蒲和平　季刊　向海昀　著

北京
冶金工业出版社
2022

内 容 提 要

本书全面介绍了高校网络教学空间所涉及的主要技术，并对网络教学空间构建和应用的典型研究成果进行了总结，对高校信息化建设具有一定的指导和参考价值。

本书主要内容包括：多元化网络教学空间构建及相关空间构建过程中的研究成果。具体内容包括教育教学环境、数字化平台、教学资源、教师发展及移动学习空间构建等内容；教师教育技术培训创新教学模式、网络教学资源平台建设、网络教学空间构建、教育大数据信息化教学改革、教育桌面云实验室建设、大数据实验室建设等内容。

本书的主要读者对象为高校教育信息化工作者，也可供从事其他类型教育信息化工作的读者参考。

图书在版编目(CIP)数据

高校网络教学空间构建实践/蒲和平，季刊，向海昀著.—北京：冶金工业出版社，2022.12

ISBN 978-7-5024-9344-8

Ⅰ.①高… Ⅱ.①蒲… ②季… ③向… Ⅲ.①高等学校—网络教学—教学研究 Ⅳ.①G642

中国版本图书馆CIP数据核字(2022)第242057号

高校网络教学空间构建实践

出版发行 冶金工业出版社　**电　话** (010)64027926
地　址 北京市东城区嵩祝院北巷39号　**邮　编** 100009
网　址 www.mip1953.com　**电子信箱** service@mip1953.com

责任编辑 张佳丽　美术编辑 彭子赫　版式设计 郑小利
责任校对 葛新霞　责任印制 窦　唯
北京印刷集团有限责任公司印刷
2022年12月第1版，2022年12月第1次印刷
710mm×1000mm　1/16；11.25印张；219千字；169页
定价 78.00 元

投稿电话　(010)64027932　投稿信箱　tougao@cnmip.com.cn
营销中心电话　(010)64044283
冶金工业出版社天猫旗舰店　yjgycbs.tmall.com
(本书如有印装质量问题，本社营销中心负责退换)

前　　言

人才培养是高校的首要职能，教学质量是学校教育的生命线。学校的教育教学改革始终围绕人才培养质量的提高进行，教育技术在教育教学改革的过程中扮演着重要角色，发挥着不可替代的作用。技术赋能教育已经成为新时代教育的重要特征。从早期的投影教学到后来的电视教学、计算机程序教学，从多媒体投影教学到计算机辅助教学，从校本网络课程到精品慕课（MOOC），教学理念更加先进，教学手段不断更新，从量变到质变，伴随改革的不断深入，为学校教育教学带来革命性影响。

进入21世纪，信息化在学校教育中的重要性日益凸显，在教育信息化推进的过程中，无论是先前的“三通两平台”（即宽带网络校校通、优质资源班班通、网络学习空间人人通，建设教育资源公共服务平台、教育管理公共服务平台），还是现在的“三全两高一大”（即教学应用覆盖全体教师、学习应用覆盖全体适龄学生、数字校园建设覆盖全体学校，信息化应用水平和师生信息素养普遍提高，建成“互联网+教育”大平台），网络教学空间建设都是学校信息化建设的重要内容。

教育教学环境空间构建是基础。教学环境是教育生态最重要的一环，主要包括有形的环境和无形的环境。良好的网络性能、流畅的网络体验是网络建设的目标。高可靠、高性能、高并发、高承载能力是对数据中心的基本要求。适应现代教学理念、满足新的教学手段和方法需要，是教室环境建设的指导思想。信息安全系统为教育教学环境空间提供安全保障。

数字化平台空间构建是支撑。它包含了校级数据管理中心的构建、公共服务系统的构建、管理信息系统的构建以及辅助教学和资源平台的构建。数字化平台空间构建一方面为网络教学应用提供平台，另一方面为学校的管理和公共服务提供支撑。

教学资源空间构建是关键。建设网络教学空间的目的是为教学，如果没有教学资源，就犹如汽车空载行驶，对教学质量提高和人才培养起不了任何作用。教学资源建设的内容十分丰富，本书重点介绍数字媒体资源的建设管理及课程中心的建设和运维。

教师发展空间构建是必须。教师既是网络教学空间的使用者，也是教学资源等网络教学空间的建设者，他们的水平高低直接决定了网络教学空间作用发挥的大小，通过建设教师工作坊、录播教室等，为教师进行教学改革、教学研讨、自我提高创造条件。

移动学习空间构建是配套。由于当今世界是信息化的时代，更是移动互联网的时代，使用移动终端上网学习已经成为绝大多数教师和学生的首选。如何适应作为网络原住民的青年学生的需要，同样影响着网络教学空间的效益。通过 Wi-Fi、4G/5G 网络构建泛在学习环境，为“人人皆学、处处能学、时时可学”创造条件。

社会拓展辐射空间构建是责任。社会服务是高校的五大职能（人才培养、科学研究、社会服务、文化传承创新、国际交流合作）之一，在满足本校人才培养需要的同时，通过建设社会拓展辐射空间，能更多更好地服务社会，履行高校的社会责任。

作者从事教育技术和信息化工作近三十年，有幸见证了学校教育技术和信息化发展的重要阶段，参与了学校网络教学空间的全面建设，主持和参与了多项信息技术教育教学改革研究与实践，积累了一定的经验。本书从信息化工作者的视角对网络教学空间的构建和部分相关研究成果进行阐述，既是对网络空间建设的回顾与总结，也想借本书与更多的同行进行探讨交流，助力高校网络教学的进一步发展提高。

本书第 13 章由向海昀撰写，第 14 章由季刊撰写，其他章节由蒲和平撰写。在本书编写过程中，得到了唐礼寿、张桂力、陈晓军、王红梅、徐乐、王庆刚、梁照、王祎珺等同事的大力支持和帮助，在此表示诚挚的谢意！

蒲和平

2022 年 7 月于成都

目　　录

上篇　网络教学空间构建

下篇 网络教学空间实践研究

上篇　网络教学空间构建

信息技术对教育发展具有革命性影响，而这种影响往往体现在教学实践中，很多学者在教育信息化发展的理论方面做了大量研究，并取得了丰硕成果，但能够深入进行网络空间构建研究与实践的并不多。近年来开放课程、大规模在线课程、移动智能终端技术和物联网技术等的发展对现有教学产生巨大冲击，教学要素之间的关系已悄然变化。2012 年，慕课（MOOC）正式登上了教育历史的舞台，让广大学习者体会到了世界著名高校、学界专家、互动视频和互联网络综合在一起产生的“化学作用”。2013 年大数据又以新的角度诠释教育的各个环节，让我们感受到了海量数据中蕴含着的价值。2020 年新冠疫情让网络教学受到前所未有的关注。时代在进步，科技在发展，对高等教育工作者来说“如何利用、整合新技术到我们的教学实践中，以促进教学效果的提高”是我们需要思考的问题。本书上篇从教育教学环境空间、数字化平台空间、教学资源空间、教师发展空间、移动学习空间和社会拓展辐射空间等六个维度介绍了网络教学空间构建涉及的主要内容。

1 教育教学环境空间

教育教学环境空间是开展教育教学改革的条件保障，通过更新和完善学校的基础硬件设施，如校园网络、数据中心、信息安全系统等，可为学校的信息化应用提供强大稳定的环境保障。

1.1 网络基础环境构建

1.1.1 校园网概述

1.1.1.1 教育网的发展

20 世纪 80 年代，世界上几乎所有科技发达国家都已相继建成了国家级的教育和科研计算机网络，这些网络之间相互连接，形成了覆盖全球的国际性计算机网络 INTERNET。网络的产生促进了信息的交流，为广大教师学生以及科研人员提供了一个全新的交流和合作的平台，成为教育科研工作最重要的基础设施，促进了教育科研事业的发展。

正是在此背景下，我国政府决定立即启动中国教育和科研计算机网络的建设。

中国教育和科研计算机网 CERNET 由国家投资建设，隶属教育部直接管理，由国内著名高校承担管理任务，是覆盖全国的计算机网络。CERNET 建设的总体目标是：利用先进实用的计算机技术和网络通信技术实现校园间的计算机联网和信息资源共享，并与国际学术计算机网络 INTERNET 互联，建立功能齐全的网络管理系统[1]。

CERNET 始建于 1994 年，之后不断在进行建设和升级。目前，接入 CERNET 的高校、教育机构和科研单位已经超过 2000 个，用户超过 2000 万人，是高等教育公共服务体系的重要组成部分，已经成为我国教育信息化重要的基础设施，为我国教育信息化发展做出了突出贡献[2]。

1.1.1.2 高校校园网简介

高校校园网通常是由学校建设和管理，以计算机网络技术为依托，由校园内的计算机、服务器等终端，路由器、交换机、防火墙等网络设备和各种通信线路组成，覆盖校园内的办公区、教学区、学生宿舍区，把校园内部资源连接起来，为师生提供信息交流和资源共享的平台，同时为全校师生提供互联网接入的一种局域网，是高校重要的基础设施。随着教育信息化 2.0 的推进，高校校园网的建设水平也成为衡量高校信息化工作的重要标志。

我国高校校园网的建设开始于 1993 年，最早开始建设校园网的是清华大学、北京大学等著名高校，1996 年前后在全国高校中掀起了建设校园网的热潮。随后，国家方面也出台了相关政策鼓励高校提高教育信息化的程度，这极大地推动了校园网的发展。目前我国几乎所有的高校都建设有自己的校园网，校园网已经渗透到师生的学习、工作和生活的方方面面，给高校的教学、科研、办公、生活服务和对外交流提供了极大便利，对高校管理决策也产生着积极的影响。

高校校园网连接校园内重要的业务系统，实现各个系统间信息的高速交换，目的是为高校的各项工作提供高效智能的信息交流和资源互享平台，满足高校各项工作的需要。总结起来，校园网主要包括教学、科研、管理和服务等职能。

1.1.2 校园网关键技术

1.1.2.1 组网技术

校园网的本质是一个大的局域网，在局域网中，最常见的是以太网技术。

以太网是美国施乐公司于 1975 年研发成功的，以曾经在历史上表示传播电磁波的以太（Ether）命名。20 世纪 90 年代后期，以太网在局域网市场中占据了垄断地位，并且几乎成为局域网的代名词，是全球使用最为广泛的局域网技术。以太网的发展很快，到 1995 年时，IEEE 发布的快速以太网（Fast Ethernet），能提供达 100Mbps 的传输速度。而且随着光通信技术的不断进步，现如今高速以太网广泛使用光纤作为通信介质，传输距离不断增长，传输速度也得到极大提高，新的 40G/100G 以太网标准已经在 2010 年制定完成。

除有线网络以外，无线网在校园中的覆盖范围也在逐渐扩大。无线局域网是利用无线通信技术构成的局域网络，它不需要铺设网络线缆，节点布局也不受地理限制，具有易于扩展、安装简单、使用方便等优点，可以作为有线网的扩展。常用的无线局域网标准是 IEEE802. 11 标准。目前使用最多的是 802. 11n（第四代）和 802. 11ac（第五代）标准，它们既可以工作在 2. 4GHz 频段，也可以工作在 5GHz 频段上，传输速率可达 600Mbit/s（理论值）。

无线局域网的拓扑结构可以分为对等式拓扑和有中心拓扑。在校园网中一般采用有中心的拓扑结构。在校园网中通常使用高性能的无线控制器（AC，Access Control）作为中心，所有无线接入点（AP，Access Point）都连接到 AC 并统一归 AC 管理，管理员平时所有配置都在 AC 上进行操作，AC 会将配置自动下发到 AP。

1.1.2.2 组网架构

校园网是承载所有信息化应用的基础设施，构建一个高带宽、运行稳定并且易于管理和维护的校园网是至关重要的。建设校园网之前，首先需要考虑的是网络的架构设计。网络架构通常采用层次化的设计思想，其设计优势是可以将一个大而复杂的问题分解成若干小而容易解决的问题。

A 三层网络架构

在校园网中通常使用的是三层网络架构，三层网络架构的优点在于每个层次负责的功能明确固定，如果网络中出现问题，依据层次结构可以快速定位故障点，管理和维护起来比较方便，因此三层架构在园区网（包括校园网）中得到了广泛的应用。图 1-1 显示了传统三层网络的架构。

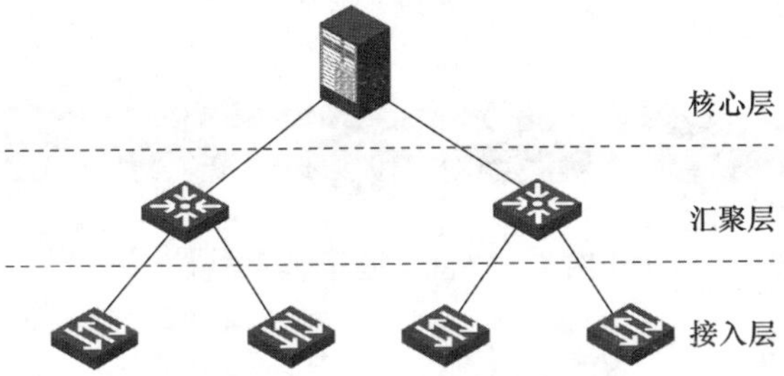

图 1-1 传统三层网络架构

传统的三层网络架构在汇聚层设备与核心层设备之间通常运行 OSPF、IS-IS 等 IGP 动态路由协议，实现校园网内路由互通，这些路由协议原理都比较复杂，在配置和维护时对于网络管理员的技术要求比较高。再加之现在很多高校与运营商合作，而运营商方面上网通常使用的是 PPPoE 拨号的方式。运营商使用 BRAS 设备作为用户网关，终结用户 VLAN 和 PPPoE 报文，并且与认证、计费系统联动实现用户接入和计费功能。

这种方式就要求 BRAS 以下的网络层次“扁平化”，也就是处于不同层次的网络设备之间实现 VLAN 的透传，成为一种“大二层”的网络。

B 物理三层、逻辑二层的网络架构

结合三层网络架构层次结构清晰、管理维护方便的优点和运营商 PPPoE 拨号上网的需求，高校校园网中可以采用物理三层、逻辑二层的网络架构。从设备的角度看，校园网依然是核心层、汇聚层和接入层设备组成的三层结构。但是从逻辑上来看，又是一种“大二层”的网络，接入层依然负责用户接入并划分 VLAN；而汇聚层不再终结 VLAN，通常也无须运行动态路由协议，只是简单地实现接入层设备的汇接和 VLAN 透传，如果需要，在汇聚设备上会使用 QinQ 技术更好地实现 VLAN 隔离。核心层通常会直挂或旁挂 BRAS 作为用户网关。

C 数据中心的网络架构

起初，数据中心的网络也是采用三层架构，但是随着虚拟化和云计算技术的应用，数据中心中的流量以东西向流量占主导地位，原来的三层架构网络已经远远不能满足数据中心的需求。

随着智慧校园建设的逐步推进和教育信息化 2.0 的提出，高校数据中心也在不断发展，虚拟化和云计算等新技术不断应用于高校数据中心建设中。

如今，高校数据中心的网络架构越来越多地由传统三层架构向较适合云计算和虚拟化应用的 Spine-Leaf 架构过渡（见图 1-2）。

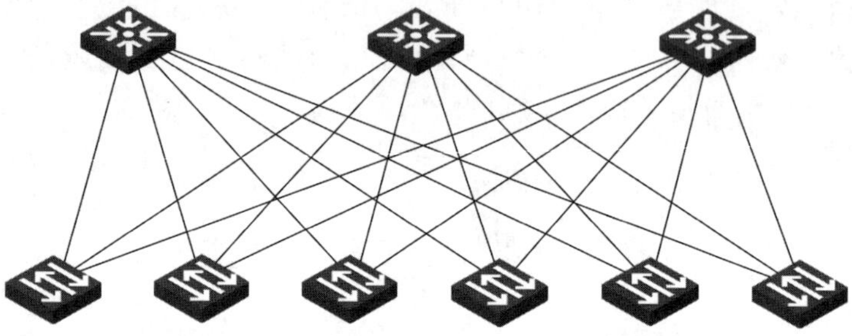

图 1-2　Spine-Leaf 网络架构

D　校园网整体网络架构

其实，校园网是非常复杂的局域网，需要连接学生宿舍、教学区、办公区和数据中心（有些高校的校园网还覆盖了教师家属区）等多个区域，承载的业务繁多，接入网络的人员复杂，针对不同人员的接入策略和计费策略灵活多变，而且校园网通常拥有多个运营商出口，这些都决定了校园网整体架构的复杂性。

由于校园网早已渗透到高校每位师生员工的工作、学习和生活中去，所以保证校园网的安全平稳运行是网络设计和管理人员的第一要务。为了避免单点故障，在校园网中也要使用冗余的设备和链路。设备冗余方面，汇聚层以上设备使用两台设备进行堆叠，这样不仅实现了高可靠性，而且还扩充了端口数量；在链路冗余方面，层与层的网络设备之间使用端口聚合的方式，不仅实现了链路冗余，还能提高设备之间的连接带宽。

多数高校的校园网拥有多个运营商出口，在出口设备（如防火墙）上，可以设置多出口链路的负载分担，校园网内部访问外部的流量可以均衡分担到各个出口上，一旦某个出口出现故障，可以将流量调度到其他出口，不会影响校园网用户的正常上网。校园网整体的拓扑架构如图 1-3 所示。

1.1.2.3　用户认证

使用校园网，用户认证是绕不开的话题。校园网用户众多，在学生用户中不乏充满激情、充满好奇心的萌动青年，所以在校园网的建设中必须要考虑到安全认证，解决实名制上网的问题。在校园网中常见的认证方式有以下几种。

A　802.1x 认证

在校园网中，较早使用的认证方式是 802.1x 认证（也称 dot1x）。802.1x 认

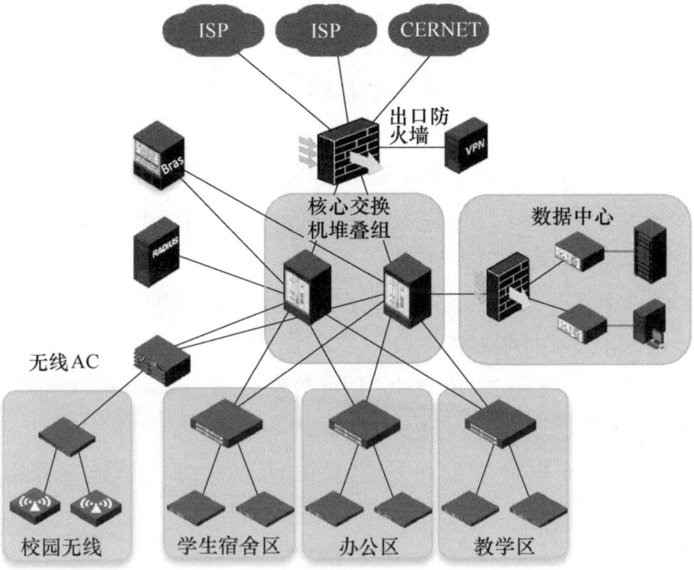

图 1-3 校园网整体拓扑图

证通过控制接入交换机的端口来实现网络准入控制，没有通过认证的用户不能通过交换机端口转发除 EAPOL 外的任何数据，802.1x 认证方式对于网络的保护很好，在校园网中得到了广泛的应用。在实际应用中，使用智能 802.1x 客户端（如 H3C 和锐捷都开发有自己的智能认证客户端）结合 MAC VLAN 技术，可以对同一接口上来的用户按不同的服务灵活分配控制策略，实现基于服务/身份的权限控制。

虽然在校园网中使用 802.1x，具有安全性高、策略部署灵活等优点，但存在必须安装相应的客户端软件这一强制性要求，使部分高校不得不放弃这种认证方式。首先，用户要使用校园网，则必须安装由网络设备厂商定制的客户端软件，在给用户带来不方便的同时，更是给网络管理人员增加了维护成本；其次，不同类型、不同版本的操作系统对于客户端软件够不够友好，应用程序之间存不存在兼容性问题都是未知数；再次，最致命的问题是由于 802.1x 协议设定设备端会定期向客户端发送握手报文，以监测用户在线的情况，这对于比较新潮的媒体设备来说，认证难度非常大，有了新的设备却不能使用，校园网用户普遍感到不满意；最后，有些高校的教师家属区也使用了校园网，在家上网的老师希望能如同使用宽带网络一样，使用一个无线路由器进行拨号认证，家中所有设备都可以直接上网。而市面上常见品牌的无线路由器中，支持 dot1x 协议的路由器少之又少，甚至难以寻觅，校园网中部署 802.1x 协议给这部分用户带来了很大的不便。

B Web 认证

手机、平板电脑等移动终端不断普及，校园无线网覆盖范围也不断扩大，越来越多的校园网用户喜欢通过手机和平板电脑访问校园网内的资源。Web 认证方式尤其适合这种场景。

Web 认证也叫 Portal 认证，部署起来非常简单，对用户非常友好。使用 Web 认证不需要安装客户端软件，只需要通过 Web 浏览器（例如 IE），就可以实现认证上网，这对移动设备支持度非常高。

在用户需要上网的时候，通常会先获取一个 IP 地址，这个 IP 地址只允许访问特定资源，这时会弹出浏览器窗口，要求用户进行认证，如果认证成功则允许用户访问网络，或者再次获取 IP 地址访问网络。

使用 Web 认证的运营商通常会通过认证页面发布一些增值业务，而在校园网中，则可以利用认证页面发布一些重要的信息。综上所述，Web 认证使用方便，增值业务能力强，所以其使用不仅局限在校园网中，已经广泛在机场、酒店等公共场所使用。

但是，用户通过 Web 认证之前会获取到一个 IP 地址，可以访问认证页面和一些限定的内容，这存在一定的安全隐患。而在校园网实践中，我们又发现了另外一个问题，当用户通过认证后或不再使用网络时，往往会忘记在认证页面中点击下线按钮，而是直接关闭了认证页面，即存在用户无法主动下线的问题。

尽管如此，在其强大的优势面前，这些缺点并不能影响 Web 认证良好的发展前景。在校园网中，Web 认证仍然是校园无线网络必选的认证方式之一。

C PPPoE 认证

随着高校学生对网络依赖性增强以及网络应用的不断丰富，用户对于校园网的要求不断提高，校园网在发展过程中面临一些困境，主要表现在校园网现有的出口带宽不足，不能满足校园网用户的带宽需求，而扩充带宽则意味着极高的投入成本。学校在校园网上的投入远远大于收益，校园网的半公益性质使得其费用较低，因此校园网的运营收益往往远低于其带宽、设备、用电等投入，收不抵支。

为解决这些问题，多数高校开始寻求与运营商合作。运营商沿用校园网的基础网络设备和布线系统，为学校免费提供带宽，通过发展学生宽带用户获取收益，由于高校学生人数众多，运营商发展来的学生宽带用户将带来可观的收益。学校仍然掌握校园网的管理权限，同时获得了免费带宽，节省了租用带宽的费用，校内学生又能够获得较好的宽带上网体验，所以这种合作模式对学校和运营商来说是互利共赢的。学校为保护学生利益，避免单一运营商形成垄断，还可以和多家运营商合作。

采用这种合作方式后，通常会使用 PPPoE 拨号的认证方式。PPPoE 是运营商广泛使用的一种拨号上网方式，每个用户通过认证后都与 BRAS 建立起专有的隧道，所以安全性很高，所有拨号用户的流量最终都要经过 BRAS，流量监控和管理起来很方便。但是在建设时需要购置 BRAS 设备，建设成本略高，在 BRAS 上配置相应策略也比较复杂，对网络管理员技术要求高。校园网中常常使用 BRAS 与城市热点、深澜软件等计费系统相结合，提供 PPPoE 认证和计费服务。

1.1.2.4 网络设备

A 出口防火墙

在校园网出口上通常会部署防火墙。防火墙不是纯粹的软件和硬件，而是一个综合的系统。在安全等级不同的网络之间部署防火墙，可以通过配置策略对通过防火墙的流量进行控制，阻断非授权的访问，从而保护安全性更高的网络。

防火墙的访问控制机制有两种，一种是防火墙拒绝所有未经定义的访问，采用这种机制可以最大限度保护网络内计算机的安全，但是对于每开通一个服务，用户都必须要申请，然后再在防火墙上配置相应的放行规则，所以这种方式提高了安全性的同时，可用性也相应降低了；另外一种则是允许所有没有明确禁止的访问，这样一来可用性的地位上升，但是却牺牲了安全性。在校园网实际应用中，比较常见的是第一种控制机制，以达到安全性的要求。

防火墙技术经历了包过滤防火墙、电路层防火墙、代理防火墙、状态检测防火墙等几代技术演变，到现在防火墙已经成为集路由和防火墙功能为一体，提供防病毒、IPS、反垃圾邮件网关、行为管理与审计、WAF 和流量管理等多种模块化服务，使用专用处理芯片，性能强劲的综合性安全产品。

在校园网出口上部署防火墙，可以购买各种模块，实现自己的管理需要。校园网出口防火墙通常使用以下功能和服务。

a 路由功能

路由功能是最基本的功能，通常要在防火墙上配置动态路由和静态路由以实现校园网与外部网络互通。校园网通常拥有多个运营商出口，还可以在出口防火墙上配置策略路由进行选路。

b NAT 功能

虽然很多学校已经完成了 IPv6 校园网的建设，但目前绝大多数校园网仍是以使用 IPv4 为主，这就不能避免地要使用 NAT 技术。校园网内部使用的基本上都是私有地址，必须要使用源 NAT 将校园网内部私有地址转换成运营商分配的公网 IP 地址才能正常访问互联网。在校园网数据中心内有大量提供外网访问的服务器，必须使用目的 NAT 将私有地址映射成公网地址才能被访问到。

c IPS

网络上有很多别有用心者扫描、攻击校园网内部的服务器，为保证校园网内部系统的可用性和完整性，在防火墙上开启 IPS 是十分必要的。

d　反垃圾邮件

校园网内部通常搭建了邮件服务器，为师生提供邮件服务。但是恼人的垃圾邮件十分影响人的心情，严重影响工作效率。有些欺诈、钓鱼邮件和包含病毒的邮件甚至会引发网络安全问题，在防火墙上部署反垃圾邮件功能之后，不仅会对进入的邮件进行过滤，还可以保护校园网内部的邮件服务器不受攻击。

e　行为管理与审计

部署行为管理功能后，可以对内网访问互联网的行为进行管控，基于内建的特征库阻止用户使用某些互联网应用。

对于 Web 应用还可以使用 URL 过滤和 Web 关键字过滤的功能，禁止用户访问某些网址或访问内容中包含敏感信息的网站。

近些年来，我国越来越重视网络安全，所以在防火墙上必须开启用户审计功能。现在很多防火墙支持用户审计功能，只要购买相应模块并开启即可对用户访问互联网的行为进行日志记录，方便日后查找、溯源，而无须购买专门的审计设备。

f　流量管理

互联网发展到今天，各种应用不断涌现，让人目不暇接。除浏览网页外，学生还喜欢通过校园网购物、观看在线视频、下载资源和玩网络游戏。校园网用户众多，出口带宽本来就不宽裕，如果还有部分用户使用 P2P 这种非常占用带宽资源的下载方式，更会使校园网出口带宽捉襟见肘，直接影响到其他应用的正常使用。

通过流量管理功能对某些应用进行限速可以解决该问题。流量管理的方法灵活多变，例如可以依据现有带宽建立多个“隧道”，基于特征库来识别校园网用户的应用，把不同的应用划分到“隧道”中去，实现应用的隔离，从而达到限制某些应用对带宽的占用，保障其他应用带宽的目的。厂商的特征库会不定期升级，以应对互联网上层出不穷的各种应用。在实际使用中，还可以根据 IP 对每个用户单独限速，这样一来，每个用户都分到一定的带宽，在用户分到的带宽内不再依据应用限速，实现用户的隔离。流量管理还可以做到对某些应用、某个 IP 做固定的带宽保障，这些功能在实际中都比较常用。

B　主干核心

核心交换机位于校园网架构的核心层，核心层顾名思义是整个校园网布局的核心主干部分。核心交换机承载、汇聚着所有传输流量，是网络性能的重要保障。核心层除了核心交换机外，还有路由器、防火墙、BRAS 等设备，主干核心层设备通常配置性能较强的设备。

评价主干核心设备性能的一项重要指标是主机最大交换容量，校园网的核心层设备整机最大交换容量至少应达到 300Tbps。此外，核心层设备主机应支持多个业务板槽位，可以根据需要进行扩展，并且应该支持 100GE、40GE、10GE、GE 等多种端口，支持运行多种路由协议，支持配置复杂的安全策略。

现在国内许多厂商的核心层设备都满足校园网的需要，华为、锐捷和 H3C 等厂商在校园网建设方面拥有丰富的案例经验。

C 楼栋接入

通常使用接入层交换机，为用户提供网络接入服务。目前来看，多数学校已经和运营商合作，所以接入层交换机选择接入端口较多的普通二层交换机即可。但考虑到网络技术的发展，在选择设备时必须要考虑的是交换机端口带宽和背板带宽。从稍稍超前的观点看，选择接入层交换机通常需要多个万兆上行端口，并且拥有较多的千兆端口，支持端口聚合和端口安全等配置。

1.1.2.5 基础服务

A DNS

DNS（Domain Name System），即域名系统，是互联网中重要的组成部分。我们知道，在互联网上的主机进行通信时必须使用 IP 地址，IPv4 地址长度有 32 位，虽然使用点分十进制表示法后比较易于识别，但仍然难以记忆，更不用说直接记忆 IPv6 的 128 位长度地址的难度更是难以想象。

DNS 是校园网提供的最重要的基础服务之一。高校校园网内存在着很多服务器，有些仅供校园网内部访问，有些服务器还需要被互联网上的主机访问。高校通常也会向 CERNET 申请自己的域名，因此校园网内一定要有属于自己的 DNS 服务器。

校园网内的 DNS 服务器承担着两种角色，一种角色是面对校园网用户，为校园网用户提供互联网上其他域名的解析，通常可以将 DNS 设置为转发 DNS，也就是当用户要查询的域名在本地的缓存中没有查找到时，就将查询直接转发到指定的公共 DNS 服务器，由指定的 DNS 服务器负责完成查询。第二种角色同时面对校园网用户和互联网上其他的主机，提供关于本域的权威性应答。

校园网中的 DNS 服务器可以使用 BIND 软件自己搭建，也可以购买市场上专门的 DNS 服务器产品，现在市场上的 DNS 服务器产品比较成熟，除提供基本的域名解析服务外，还提供一些数据统计和智能 DNS 功能，而且配置界面通常做到了图形化，用户界面友好，操作简便，相比自己使用 BIND 搭建的 DNS 服务器在使用方便性上有一定的优势。因为 DNS 服务器是如此重要，所以无论是自己搭建还是购买产品，都必须部署两台 DNS 服务器，形成一主一备，以免因一台 DNS 故障而导致网站无法访问。

在使用 BIND 搭建的 DNS 服务器中可以设置利用视图（view）功能根据 DNS 请求的源 IP 地址，将同一个域名解析出不同的 IP 地址。例如：某高校的主站，使用校园网内部分配的私有 IP 地址，又在防火墙上通过 NAT 映射成公网 IP，同时允许校内和校外访问。这时就可以通过 DNS 视图功能，根据查询请求的源 IP 进行区分，对于校园网用户的查询请求，返回校园网内部的私有 IP；而对于互联网用户，则返回公网 IP，这也是智能 DNS 的实现思路。

B　DHCP

动态主机配置协议（DHCP，Dynamic Host Configuration Protocol）通常被用于局域网环境，DHCP 的主要作用是集中管理和分配 IP 地址，使客户端能够动态地获取并自动配置 IP 地址、网关地址和 DNS 服务器地址等信息。

在校园网中使用 DHCP 来为主机配置 IP 地址可以减轻管理员的工作，提升 IP 地址的利用率，并且能够防止手动配置 IP 地址由于配置不当导致的地址冲突问题。

可以使用专门的服务器来提供 DHCP 服务，但在校园网中更多的是在三层交换机上配置 DHCP 功能。

C　VPN

出于安全考虑，校园网中的很多服务没有放到公网上，位于校外使用公共网络的老师和学生又希望能毫无障碍地访问到这些资源。为满足这个需求，就要在校园网中架设 VPN。在校园网中架设 VPN 后，处在校园网外的师生首先通过拨号连接 VPN 服务器，然后通过 VPN 服务器访问内部资源。为保证数据安全，用户与 VPN 服务器之间的连接使用加密技术，所有数据都经过了加密处理，就好像在用户与 VPN 服务器之间建立了一条安全的隧道，隧道内流动的数据外界无法得知，因此 VPN 又称为虚拟专用网络。

VPN 服务器既可以使用专门的服务器自行搭建，也可以购买厂商的 VPN 产品。网络厂商的 VPN 产品通常为软硬件结合的综合性产品，支持多种隧道协议，性能比较可靠，功能齐全，配置起来也比较方便。

1.1.3　网络环境的运维

1.1.3.1　网络管理

我们可以把校园网看作是一个繁忙而又复杂的分布式系统。在校园网中运行着大量的网络设备，它们类型不同，型号各异，甚至来自不同的厂家。在这些网络设备上运行着多种协议，在网络设备之间还会交互大量的信息，网络设备的运行状态和链路状态总是在不断发生变化。

为了保证校园网高效、稳定运行，正常为师生提供优质的服务，校园网管理员总是希望能够通过各种方式，对网络资源进行监控，实时了解到网络设备的运行状态，及时发现网络中出现的问题并处理，这种行为通常称为网络管理（Network Management）。

校园网管理员常常借助简单网络管理协议（SNMP，Simple Network Management Protocol）来实现对网络的管理。简单网络管理协议 SNMP 是 TCP/IP 协议族的一个应用层协议。使用 SNMP 协议，管理员就可以对校园网中不同物理位置、不同类型、不同厂家生产的设备进行监测和管理，只要该设备支持 SNMP 协议。常见的监测目标有操作系统、硬件设备、服务应用、软硬件配置、网络协议状态、设备性能及资源利用率、设备报错事件信息、应用程序状态等软硬件信息。

1.1.3.2　网络监控

网络监控软件应该具备设备状态监控、应用程序监控、告警等功能模块，并能够以图形化的方式直观显示校园网的网络拓扑信息以及校园网中各种设备的运行状况。当网络发生故障时，能够通过声光告警、短信、邮件、弹窗等多种方式及时通知管理员。

成熟的网络监控解决方案有很多，国外知名的大型管理平台有 HP OpenView、Sun NetManager、IBM NetView 等，很多网络设备厂商（如 Cisco、Juniper 等）也都有面向自身产品的网络监控软件，国内也有很多网络设备厂商（如华为、锐捷等）推出了自主开发的网络监控和管理平台。这些平台功能都比较强大，可以对多种网络、多种协议进行管理，缺点是这些商用软件往往价格比较昂贵，并且由于不是针对校园网量身定制，其灵活性不够高。

除了商用软件以外，还可以使用开源的网络监控软件。开源软件得到社区强有力的支持，插件丰富，可扩展性强。只需要在开源软件的基础上进行简单的配置或二次开发就可以满足自己的需要，可以节约大量的资金。常用的开源监控软件有 Zabbix、Nagios 和 Cacti 等。

1.1.3.3　机房动力环境监控

网络汇接机房和数据中心已经成为校园信息化核心部件。校园网承载着 OA 系统、学生选课系统、后勤服务系统等重要系统的业务流量，数据中心的服务器和磁盘阵列内保存有海量的数据，这对网络汇接机房和数据中心机房的安全可靠运行提出了更高的要求。

良好的机房动力和环境状态，是安放在机房中的各种设备正常运行的前提和基础。一旦机房的动力和环境状态出现问题，必然会影响机房中各种设备和应用系统的运行，对数据的处理、传输和存储构成威胁，甚至导致系统宕机、业务中断，危害数据的完整性，造成严重的后果。

现实逼迫我们不得不重视机房运行状态的监控。传统的做法是安排专人 24 小时值班，定时巡查。这种做法不仅加重了人员的负担，而且其实在很多时候并不能及时发现并排除故障，这种做法投入了巨大的人力，但是收效甚微。

得益于近十年来关于机房动力和环境监控技术的不断发展，对机房的监控手段越来越科学、越来越智能、自动化程度越来越高。现在很多高校都建有完整的机房动力环境监控系统，早已摒弃掉专人在机房值守的这种落后且极不人性化的监测手段。

机房动力环境监控系统把网络技术、数据库技术、通信技术、自动控制技术和传感器技术综合在一起，构成了一个分布式的计算机系统，以机房的动力设备（UPS、配电等）和机房的环境（温度、湿度、空调、门禁等）为监控对象，通过自动化监测，加上有效的触发告警模块，达到解放人力，实现机房监控的集中化、智能化、自动化和高效化的目的。

机房动力环境监控技术发展至今，产业已经具有相当规模。国内外都有多家专业公司研发机房动力环境监控系统，这些产品集成度很高，监测功能丰富，可以实时监测机房环境的各项指标（包括配电电压、电流、功率和用电量，机房温湿度、空调漏水、烟雾、门禁等），当遇到机房环境异常，如温湿度异常、非法入侵、火灾或漏水等情况时，能够触发报警通知管理员，并将报警信息记录下来备查[3]。

图 1-4～图 1-7 是某校园网数据中心机房动力环境监控系统界面，依次显示了系统中部署的模块对机房的动力（市电、UPS 的电压、电流、功率、电池组后备时间等参数）、环境（机房多处采集点温湿度数据）以及空调的运行状态和漏水情况进行监控。

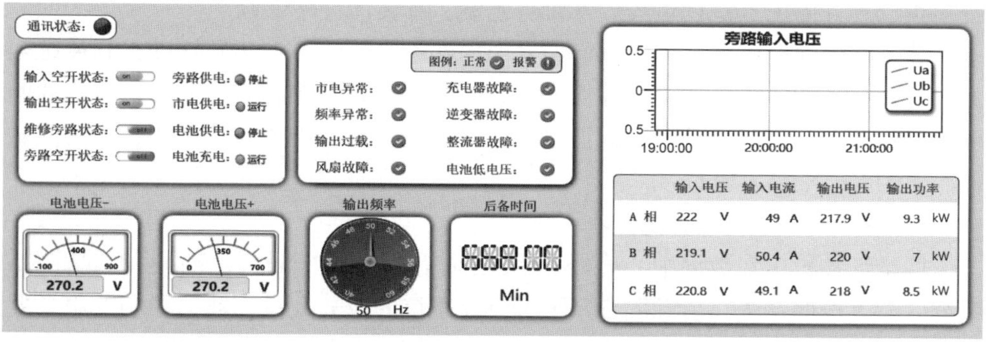

图 1-4　动力系统

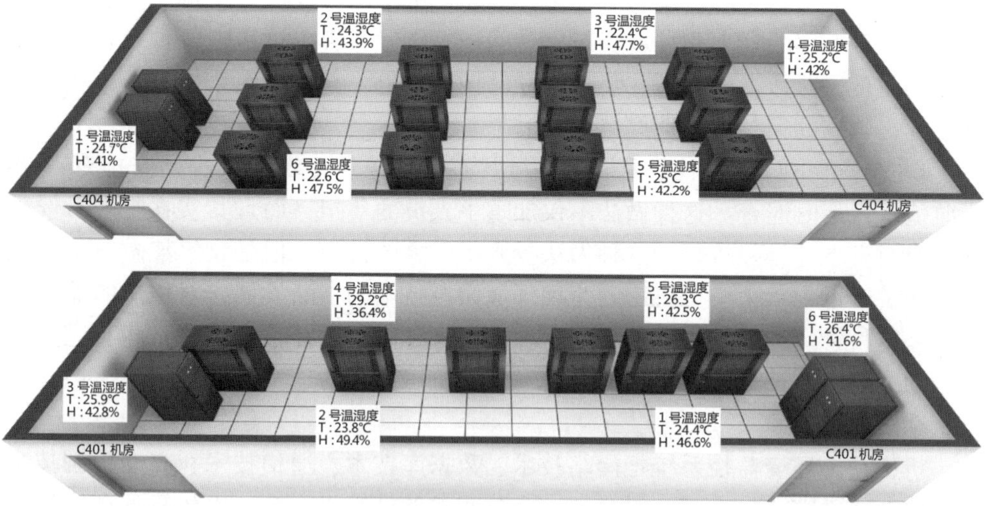

图 1-5　环境监控

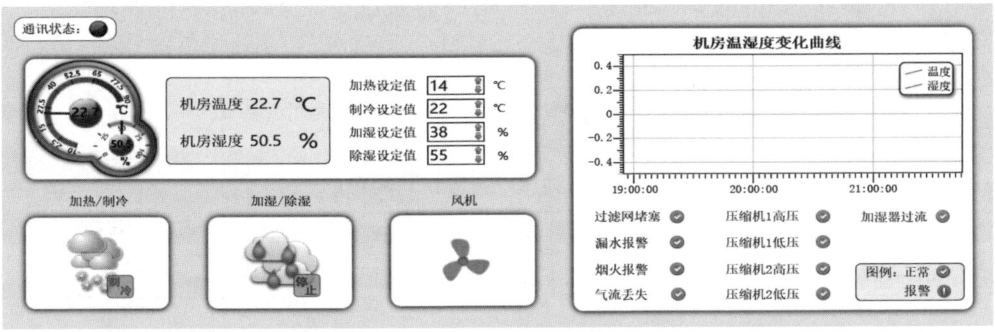

图 1-6　空调运行状态

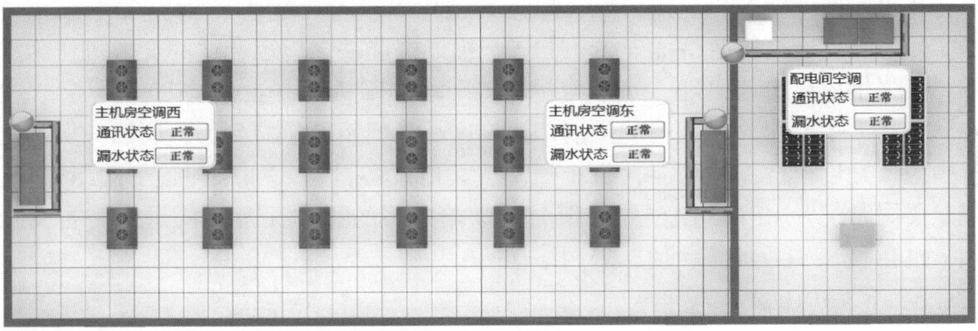

图 1-7　空调漏水监测

1.1.4　网络环境的优化及管理

1.1.4.1　网络优化

A　生成树

为了保证校园网稳定运行，避免单点故障，在设计校园网时，会充分考虑冗余性，如设备冗余、电源冗余、链路冗余等。链路冗余能为校园网中两个节点之间提供几条传输通道，提高了可靠性。但是在二层交换网络中，这种多链路的网络会形成环路。网络中一旦形成环路，报文就会在网络中不断循环和增生，产生广播风暴，最终会把网络中所有带宽和设备的 CPU 等资源耗尽，使网络瘫痪。

为了提高稳定性，避免在校园网中产生环路，在校园网中部署生成树协议就十分必要了。

目前使用的生成树协议主要有 STP、RSTP 和 MSTP 三种类型。STP 是最早的生成树协议版本，但是其收敛速度太慢，在现实中几乎不再使用。RSTP 是在 STP 的基础上发展起来的，其相对于 STP 最大的优点就在于收敛速度得到了较大提升。在 MSTP 中增加了“实例”和“域”的说法，把 STP 和 VLAN 结合在一起了，把一个或多个 VLAN 映射到某个实例中，可以实现流量的负载均衡，这是 STP 和 RSTP 都不能实现的功能。

三种生成树协议的对比如表 1-1 所示。

表 1-1 三种生成树协议功能对比

功能	STP	RSTP	MSTP
能否破环，冗余链路动态备份	是	是	是
能否快速收敛	否	是	是
是否多实例，能够实现负载分担	否	否	是

在校园网中配置生成树协议可以选择使用 RSTP 或 MSTP，在部署时建议根据实际情况，通过修改桥优先级的方式干扰根桥选举，指定合适的交换机作为根桥。根据生成树协议原理，如果当新加入网络的网桥具有更低桥 ID 时，会“抢占”根桥，引起全网生成树的重新计算，这是我们不愿意看到的，所以在实际配置中应该开启根桥保护功能，防止根桥被其他设备抢占。如果配置了边缘端口，一定要同时配置 BPDU 保护，否则一旦该端口下的用户无意间接进来一台交换机，也会参与 STP 计算，使二层网络动荡。

B 非法 DHCP

在前面我们讨论过，DHCP（Dynamic Host Configuration Protocol）是校园网提供的基础服务之一。在校园网中架设 DHCP 服务器可以为用户自动、动态地分配 IP 地址、子网掩码、网关和 DNS 服务器等网络参数，简化了网络配置，提高了管理效率和 IP 地址的利用率。

但如果在内网中存在私自架设的非法的 DHCP 服务器，那么用户在获取 IP 地址时，很可能最终拿到的是非法的 DHCP 服务器提供的错误的 IP 地址。在校园网中最常见的非法 DHCP 服务器是用户自己接的无线路由器。市场上销售的无线路由器都内置了 DHCP 服务功能，校园网用户不明就里，买来无线路由器不经配置就当作普通的二层交换机来使用，往往会出现由无线路由器分配的 IP 地址而无法上网的情况，有些甚至影响到处于同一 VLAN 内的其他用户。

DHCP Snooping 是 DHCP 的一种安全特性，用于保证 DHCP 客户端从合法的 DHCP 服务器获取 IP 地址，并且能够把 DHCP 客户端 IP 地址与 MAC 地址等参数的对应关系记录下来，防止局域网中针对 DHCP 的攻击。

在校园网交换机上配置了 DHCP Snooping 以后，交换机的端口将呈现 trust 或 untrust 两种安全级别。把连接合法 DHCP 服务器的接口配置为 trust，只有 trust 接口上收到的来自 DHCP Server 的报文（如 DHCPOFFER、DHCPACK、DHCPNAK，或者 DHCPLEASEQUERY）才会被放行。在 untrust 接口上收到的来自 DHCP

Server 的报文则被过滤掉，这样就可以防止非法的 DHCP Server 接入对其他用户造成影响。

配置了 DHCP Snooping 的二层设备还会自动生成 DHCP Snooping 绑定表，其中记录了 DHCP 客户端 IP 地址与 MAC 地址的对应关系，提取报文中相应的信息与 DHCP Snooping 绑定表进行匹配检查，能够有效防范非法用户的攻击。在校园网中部署 DAI 防范 ARP 攻击也需要使用 DHCP Snooping 绑定表。

C ARP 攻击

ARP 攻击是利用 ARP 协议的设计缺陷，通过发送伪造的数据包来实现攻击，是局域网中最常见的攻击类型，校园网中用户复杂，所以在校园网中存在 ARP 攻击难以避免。

在没有部署相应防范措施的校园网中，一旦发生 ARP 攻击，将极大影响用户的网络体验。用户的直观感受是上网时断时续，网速很慢甚至根本无法上网，有时系统会提示 IP 地址冲突的警告。如果查看 ARP 表项，会发现不正常的 MAC 地址，或者 MAC 地址对应多个 IP 地址的问题。

在校园网中常见的 ARP 攻击有以下几种类型。

（1）ARP 泛洪攻击。攻击原理类似于拒绝服务攻击手法，攻击者向网关发送大量 ARP 报文，导致网关的 CPU 利用率急剧上升，难以响应正常服务请求，而且网关还会被错误的 ARP 表项充满，无法保存正确的表项。

（2）中间人攻击。攻击原理是攻击者充当中间人，同时欺骗局域网内的主机和网关，主机与网关交互的信息都会经过中间人转发。被攻击者和网关都难以察觉到中间人的存在，攻击者从而获取到了用户的关键数据。

（3）IP 地址冲突攻击。攻击者对局域网中的物理主机进行扫描，扫描出局域网中的物理主机的 MAC 地址，然后根据物理主机的 MAC 进行攻击，导致局域网内的主机产生 IP 地址冲突，影响用户的网络正常使用。

ARP 攻击通常比较隐蔽，也更容易造成更严重的后果。应对这类攻击，可以在校园网中部署动态 ARP 检测（DAI，Dynamic ARP Inspection）来防范。DAI 需要与 DHCP Snooping 配合使用。这是因为 DAI 是利用 DHCP Snooping 绑定表来防范 ARP 欺骗攻击的。当设备收到 ARP 报文时，将此 ARP 报文对应的源 IP、源 MAC、VLAN 以及接口信息和绑定表的信息进行比较，如果信息匹配，说明发送该 ARP 报文的用户是合法用户，允许此用户的 ARP 报文通过，否则就认为是攻击，丢弃该 ARP 报文，从而避免了 ARP 欺骗的发生。

1.1.4.2 流量控制

A QoS

服务质量（QoS，Quality of Service）指利用各种技术，为网络通信提供更好的服务能力，主要用来解决网络延迟和拥塞等问题。如果网络上发生拥塞，所有的数据包都可能被丢弃，用户会觉得网络非常糟糕。网络上承载着各种各样的应用流量，有些服务对于实时性要求较高，如语音、视频等应用，使用 QoS 后可以对于这部分实时性强并且比较重要的数据优先处理。

QoS 有一些关键指标，主要包括可用性、时延、时延变化（包括抖动和漂移）和丢失，这些指标中无论哪一项不正常都会使服务质量的要求得不到满足。

在校园网中如果带宽没有得到合理的分配和管理，一些并不重要的应用如 P2P 下载、在线视频等会长期占用带宽，而其他的 HTTP 等关键的应用就得不到保障。在校园网中通常会部署专门的流量管理设备，或者在出口防火墙上配置流量管理模块来实现对关键应用的服务质量保证。

B　策略路由

普通的路由过程都是路由器基于 IP 报文的目的地址来查找路由表进行转发，而策略路由（PBR，Policy-Based Routing）可以依据管理员定义的策略进行报文转发。使用策略路由，管理员可以根据 IP 报文的源地址、目的地址、协议以及报文长度等特征来定义转发策略，提高路由选择的灵活性和可控性。

例如，使用策略路由，把不同的数据流引到不同的链路进行发送，或者指定不同的用户通过不同的链路传输数据，又或者在满足业务服务质量的前提下，选择费用较低的链路传输业务数据，降低数据服务的成本。

C　负载均衡

负载均衡在应用模式上可分为服务器负载均衡和链路负载均衡，这里主要介绍链路负载均衡。对于单出口校园网来说，如果出口链路一旦中断，校园网内部的用户将无法访问互联网，VPN 也随之中断，校园网内部的网站和邮箱都无法对外提供服务。因此，高校一般都在校园网出口部署了多条运营商链路。为了利用好多运营商出口，传统的做法是在出口防火墙上将内网用户 outbound 的流量通过策略路由方式引到指定链路。这种方式由于是静态地将用户流量分开，可能会出现某条链路在上网高峰期已经成为流量瓶颈，但同时其他的链路却空闲的情况。

在出口设备上开启负载均衡功能，就可以根据链路带宽、链路成本、链路剩余带宽等参数进行加权计算，应用调度算法会根据加权值，科学合理地将流量分担到不同的出口上去。

现在很多厂商的设备还支持链路的健康监测功能，即通过 ICMP 或 TCP Half Open 判断链路是否可用，实时监测链路通断，实现用户流量的动态调度。有些设备还通过探测链路的延迟、路由跳数，选择最优链路，将数据流量分发到响应最快的出口链路上。在校园网中使用链路负载均衡功能可以让网络出口更高效、更可靠和更智能，给师生带来更好的上网体验。

1.2 数据中心环境构建

1.2.1 数据中心概述

1.2.1.1 数据中心简介

数据中心简称IDC（Internet Data Center），也叫互联网数据中心，是安装计算机及计算机之间的通信连接、电源、环境设备等要素相关设备的场所所在，用来传递、展示、计算、存储数据信息。从某种意义上讲，数据中心与交通、网络通信一样是现代社会基础设施的一个重要组成部分[4]。

随着互联网技术的不断发展，在高校校园网上运行的应用系统越来越多，这些应用系统让学校师生的工作、学习和交流方式发生着巨大的变化，高校对应用系统的依赖越来越强。如果校园网中应用系统的稳定运行得不到保障，很多工作都将无法正常进行。同时，随着数字校园建设的不断深入，无论是保障硬件的正常运行还是软件的友好使用都需要花费大量的人力、物力，曾经各个应用系统从硬件到软件完全相互独立的运行模式的弊端逐渐显现。将学校重要业务系统的软硬件集中存放，同时配备专业的技术人员统一管理，保证服务器运行在一个良好的环境中，这就催生了高校数据中心的建设和发展。

由于数据中心机房拥有通畅的网络和标准的精密空调、UPS等设施设备的保障，设备集中管理、统一调配，可以方便有效地整合各类资源，充分发挥各个设施设备的作用。不管是遭遇地震、火灾等不可抗力，还是盗窃、网络安全攻击等人为破坏，数据中心专业的安全措施能将损失降到最低。同时，数据中心设置专人对从基础设施到硬件设备、从操作系统到业务数据等方面进行全面管理，其专业技能和从业经验等将更有利于数据中心的有效运行。

1.2.1.2 高校数据中心的职能和作用

由于承载着学校信息化的各类软硬件资源，高校数据中心是数字校园的神经中枢，是高校各种信息的汇总和数据支撑的场所。通常情况下，高校数据中心的职能主要包括各类软硬件系统的运行与维护、整合资源、数据存储与管理、提供服务器托管及租用。

数据中心的集中式、规范化管理，降低了人力、物力等多方面的成本，能够更好地应对快速响应等业务要求，更有利于保障业务的连续性、灾难恢复以及能耗和空间。高校数据中心的作用主要包括集中管理数字校园所需的各种设备，支撑高校各项工作的正常开展，保障各个应用系统的正常运行，为师生提供优质的信息化服务。

1.2.1.3 高校数据中心的现状及发展

目前，数据中心的相关技术已经较为完善，数据中心的建设和日常的维护具有一定的规范，相应标准也在逐渐形成。在硬件层面上，新技术的发展使得服务器的计算能力得到急速提升，通过云计算等技术将多台设备联合起来同时计算还可以突破单机计算能力的限制。数据中心在标准化、规范化的基础上朝着以高弹性、高效率、高可靠为特征的规模化、集约化、自动化、智能化的方向发展。在这种趋势下，数据中心的运维也必须进行相应的转变，以实现柔性化，精细化、自动化的管理[5]。

就高校数据中心的发展现状而言，其明显落后于企业的数据中心。高校数据中心保障着科研、管理、教学等各类应用系统的稳定运行，稳定是第一要义。只有成熟的、经过众多实践证明的新技术才会在高校数据中心得到大量应用。目前，高校数据中心仍然是以传统架构、虚拟化架构相结合为主。但另一方面，高校数据中心也紧跟时代步伐，运维人员在保障日常运维工作之余在云计算、大数据、物联网、人工智能等新兴技术领域进行着相关的研究，这些新兴技术在高校数据中心也逐步进入试用或已有少量应用。

1.2.2　数据中心的架构模式

1.2.2.1　传统架构

传统的数据中心采用完全硬件化的三层架构，单服务器、硬件相对独立、应用系统独立依附于硬件设备是传统架构的主要特征。数据中心传统架构如图 1-8 所示。在传统架构中，CPU、内存、磁盘等资源平均利用率低，管理复杂度高。随着系统使用时间的增长及使用人数的增多，数据的增长使得业务对资源的要求提高，各类资源逐渐出现瓶颈。对传统架构中的设备进行扩容势必影响业务的正常运行，且容易顾此失彼。由于业务数据增长存在许多不确定因素，资源扩容量大会造成资源浪费，扩容量小又会承受频繁扩容的压力。

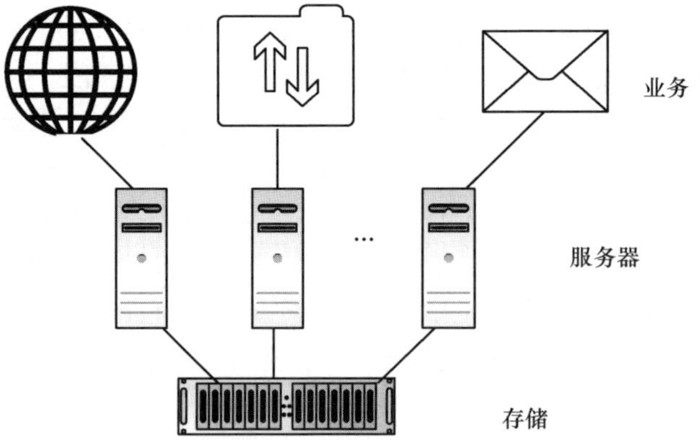

图 1-8　传统架构示意图

存储进入数据中心有效弥补了单服务器架构在扩容和容错方面的弊端。传统SAN（Storage Area Network）存储是将存储设备与服务器用光纤接口连接起来的专用存储网络。通过SAN存储，不同服务器可以跨平台使用存储设备。通过对存储设备统一管理和容量按需分配或扩容，可以降低维护和使用的成本，提高存储的利用率。通常情况下，使用SAN存储以后，存储的利用率比单服务器架构的存储利用率提高60%以上[6]。

1.2.2.2 虚拟化架构

传统数据中心架构中，由不同厂商提供的各个设备独立承载单个业务，单独管理服务器的硬件资源利用率低、故障处理效率低、资源扩容难、管理维护难度大。新业务从市场调研、规划、预算到硬件采购、测试部署上线，周期长，事务繁多。为了解决传统数据中心的这些问题，就出现了以VMware为代表的虚拟化技术。虚拟化架构示意图如图1-9所示。

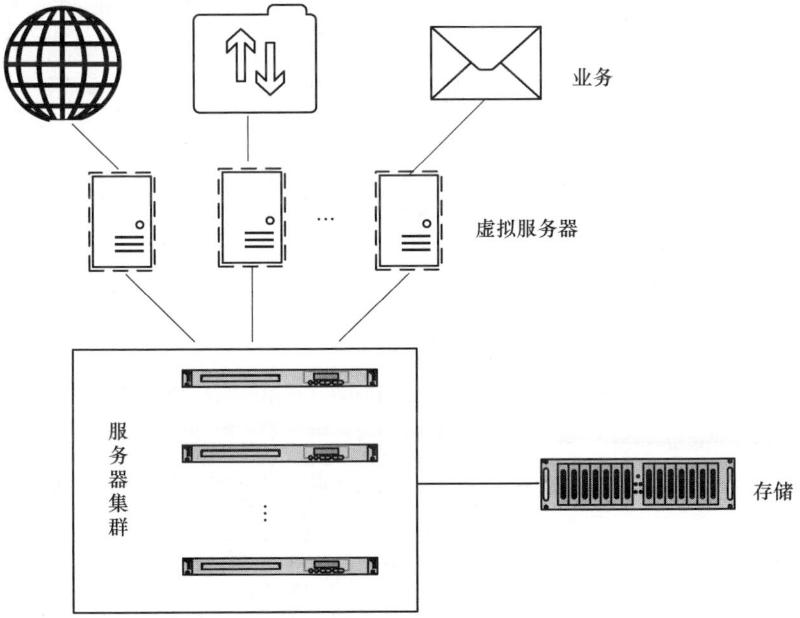

图1-9 虚拟化架构示意图

作为目前数据中心的主流架构，虚拟化技术将多台性能较高的服务器组成集群，对外提供虚拟机。通过虚拟化架构，不仅解决了资源利用率的问题，同时也减轻了硬件运维的负担。

虚拟化架构相对于传统架构而言，将单个硬件服务器的计算资源整合，构造计算资源池，然后集中统一按需分配，可用性高、资源利用率高、能源消耗低。使用虚拟化架构以后，通过虚拟化平台统一管理计算资源池，按需建立虚拟机，在虚拟机里部署业务，实现平台上虚拟机的统一维护和管理[7]。通过克隆模板建立虚拟机，快速部署规范的业务操作系统，在业务资源大量空闲或不足时可以及时通过虚拟化平台动态调整。对用户而言，虚拟机与物理机性能相当，扩容及迁移方便。对数据中心运维人员而言，通过虚拟化平台管理计算资源，可以减少出入机房的次数，在提高工作效率的同时减少机房电磁辐射对人体可能造成的伤害。

采用虚拟化架构以后，当数据中心的计算资源不足时，可以直接通过将新的硬件服务器或存储加入虚拟化集群的方式快速扩容，然后将业务手动或自动迁移到新增加的硬件资源上，在不影响业务正常运行的情况下动态扩充计算资源。当某一台物理服务器发生硬件故障时，业务也可以根据配置自动或手动迁移到其他正常运行的服务器上，业务不中断，数据不丢失。

1.2.2.3　云计算架构

在以 VMware 为代表的虚拟化架构中，虚拟机可以迁移、克隆、创建快照，计算资源可以快速扩容，但是如何达到迁移过程中用户无感知的动态迁移，如何让用户按需分配虚拟机，如何便捷地计费，这些都可以通过云计算来解决。云计算架构示意图如图 1-10 所示。

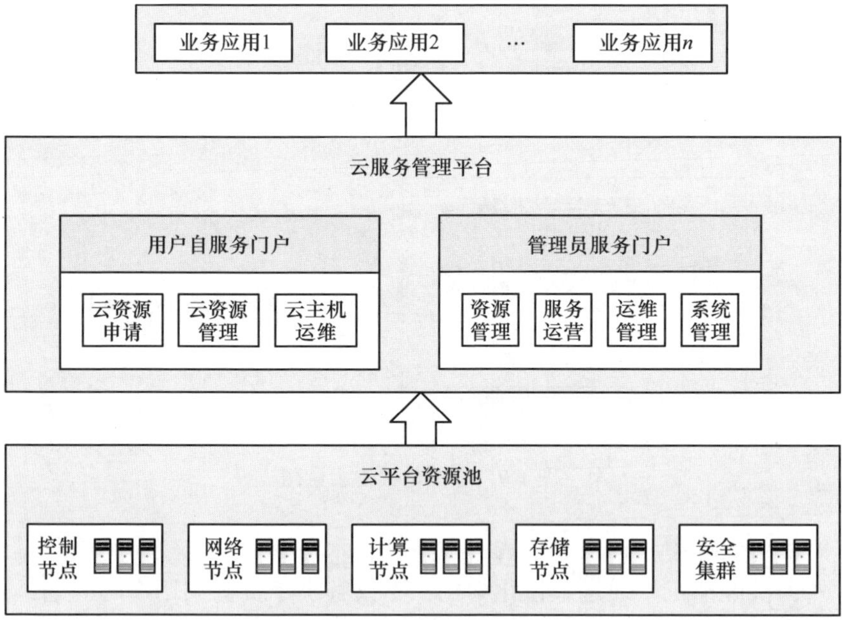

图 1-10　云计算架构示意图

以 OpenStack 为代表的云平台通过物理服务器和二层交换机的连接，将传统意义上的计算、存储、网络和安全功能全部虚拟化，同时将传统数据中心的一切功能及全部组件融合，对外提供虚拟存储、网络、计算等资源。通过对传统虚拟化和云计算从表 1-2 的对比中可以看出云计算的优势。

表 1-2 传统虚拟化与云计算对比

架构模式	虚拟化	云计算
网络架构	三层网络	大二层网络
计算性能	依赖单个物理服务器	计算资源池化能更好地保证性能
扩展性	硬件定义，纵向扩展为主	软件定义，横向扩展方便
共享性	单纯虚拟化，无法实现对接	轻松对接私有云、混合云、公有云
资源分配	提前分配资源	用户自己按需分配资源
计费	无法计费，无法体现价值	计费方便，体现价值
管理	管理复杂，需要各类专业人才	管理简单，需要复合型人才

1.2.2.4 高校数据中心拓扑

经历了较长时间的发展之后，由于老旧设备淘汰不及时以及某些特殊业务的特殊需求造成高校数据中心的架构模式为传统架构、虚拟化架构以及云计算架构模式同时并存。在这种形势下，高校数据中心的拓扑如图 1-11 所示。

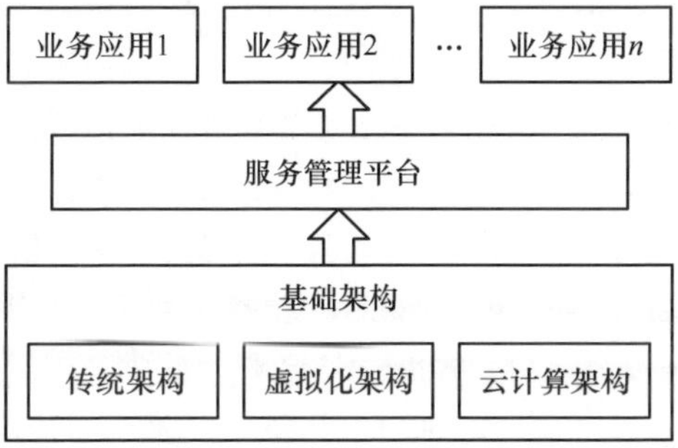

图 1-11 数据中心拓扑示意图

1.2.3 数据中心的运维

1.2.3.1 数据中心运维简介

数据中心运维是指对数据中心的基础环境、设施设备、系统及数据等相关方面的所有资源的运行和维护管理。数据中心运维工作几乎涉及从数据中心机房的设计、暖通、动力、消防、服务器、存储、网络、综合布线、系统、应用、开发、信息安全、数据分析、数据挖掘等相关的所有专业，几乎涵盖了所有与 IT 相关的技术。虽然数据中心涉及面广，但数据中心需要高可靠性，数据中心的所有日常运维都以业务稳定运行为首要目标。因此，数据中心通常使用的都是稳定性高的、相对成熟但是经过实践检验的 IT 技术。

1.2.3.2　数据中心基础设施运维

数据中心基础设施主要包括机房的供配电、空调、安防、消防、监控系统等。基础设施的运维工作主要是指运维人员了解相应设施设备的基本属性，定时巡检。通过看、闻、听、摸等方式查看场所内环境是否清洁、是否存在异味、异响、各仪器仪表的显示是否正常（温湿度、电压电流等）、设备有无外观异常及发热异常、设施设备有无报警信息等。在发现异常情况时及时处理，若自身不能处理时及时报告并联系相关设备厂商或维保单位寻求解决办法。

1.2.3.3　数据中心设备运维

数据中心设备运维中所指的设备是数据中心机房的基础设施之外的硬件设备，包括服务器、交换机、存储等。数据中心设备运维的主要工作是指定期（通常是每天）对数据中心机房的设备进行巡检，发现问题及时解决。设备发生问题或故障以后，通常需要花大量的时间和精力去解决问题。因此，通过及时巡检避免故障的出现显得尤其重要。以设备实时运行状态为依据，对设备健康状态了然于心是数据中心运维工作人员的工作常态。

除了对设备当前状态的运维之外，数据中心设备运维还需要对设备日常运行状况进行及时记录总结，根据运行状态制定相应的运维计划。通过周期性地分析记录历史资料，判断设备是否处于健康的运行状态和可能发生的变化趋势，以便及时采取合理的措施防止故障突然发生，让运维人员措手不及。

数据中心设备运维从某种程度上类似于地震预测，即使提前一点点时间发现地震并预警，也可以及时采取相应的措施减少甚至避免发生人员伤亡及财产损失。数据中心设备运维需将数据中心所有设备之前运行的所有状态（日志、告警、故障表现及处理方式等）数据都集中起来，从中总结出一定的经验。

随着数据中心业务量的增多，仅仅依靠人工经验进行设备运维是远远不够的，这就需要借助大数据、物联网、人工智能等新兴技术来分析设备的工作状态。比如设备内部温度每升高一度，状态效率就要下降 20%，类似这样的预测分析就需要新兴技术来定量分析。例如，通过监控服务器的 CPU 的时钟、Catch 内存、指令运算等指标并在发现 CPU 异常时及时报警，在服务器的 CPU 彻底死掉之前及时将业务迁移到其他设备上去，就可以避免 CPU 彻底死掉导致业务宕机，减少不必要的损失。不过就目前的数据中心运维的实际水平来看，要做到预防运维还有很长的路要走。

1.2.3.4　数据中心系统及数据运维

数据中心系统运维的主要目标是采取必要措施保证数据中心承载的操作系统及业务安全、稳定、高效运行，主要工作包括通过日常对各系统的巡检，及时发现问题并快速有效地解决问题；通过优化数据中心架构模式、应用系统的布局及各应用相关软件，提高应用系统的稳定性和运行速度。数据中心数据运维的主要工作包括集中优化设置宜于各系统数据共享与交换的合理的数据库模式；通过集中的数据备份与恢复软硬件等统一的数据安全保障机制，保障数据不会因意外的灾难而损毁；通过安全审计、日志分析对用户的行为进行记录及事后分析等。总体上讲，数据中心系统与数据运维涉及从操作系统到应用程序、从数据库到中间件、从业务数据到配置文件及各类日志等相关的各类工作[8]。

与数据中心设备运维类似，在系统及数据运维中，我们也无法预知可能发生的故障。为了减少损失，我们仍然需要尽力去预防各种错误，及时处理各种问题，因此，系统与数据运维有许多工作要做。比如，通过监控业务运行的核心进程等方式进行业务快速恢复，通过容灾备份等方式快速修复无法预防的突发状况造成的业务宕机。

为了做好系统与数据运维，保障系统和数据的完整性，减少系统业务中断时间，数据中心一项重要的工作就是容灾备份。

灾难恢复是指迅速将因灾难而造成故障的业务系统恢复至正常运行状态的过程。为了顺利实现灾难恢复，需要对保障业务正常运行相关的所有数据、程序、配置文件、基础设施、运维能力等进行备份。这种备份称为灾难备份（简称“灾备”）。通常情况下，业界将支撑正式使用的业务系统的正常运行的场所被称为生产中心，将在灾难发生时接替生产中心支撑业务运行的场所被称为灾难备份中心（简称“灾备中心”）[9]。严格意义上讲，灾备中心应包含与生产中心相同的设施设备、工作环境、技术支持及管理人员。由于灾备中心用于应对无法预知的灾难，必须能够提供 7×24×365 不间断的业务恢复支持[10]。

对高校数据中心而言，通常没有专门的灾备管理中心，灾难恢复也是数据中心运维人员的常规工作。因此，如何让数据中心运维人员在完成日常运维工作之余处理好灾备中心的事务是数据中心运维的一个难点。日常管理中应当经常采用各种各样的方式进行经常性的演练，以熟悉每一项工作的步骤，确保在灾难真正来临时能顺利完成灾难恢复。

保证灾难恢复的有效性是一项非常专业的工作，普通数据中心无法达到相应的标准，而数据备份则是一项更加行之有效的工作。广义的数据备份不仅仅指数据库的备份，还包括备份保证业务系统正常运行所需要的程序文件、配置文件、日志文件以及用户上传的文件等。通过多种备份方式、备份介质进行数据备份可以降低硬件故障造成的数据丢失、误操作或人为破坏造成的损失等风险。作为提升数据中心可靠性的必备技术之一，数据备份是数据中心必须进行的一项重要工作。目前，数据中心的数据备份主要通过专业的备份软件进行异机/异地备份。备份技术包括完全备份、增量备份、差量备份以及即时（有选择性地）备份等[11]。

与灾难恢复类似，数据恢复也是小概率事件。如何保证备份数据的有效性，如何做到快速的数据恢复等是数据备份的难点。就高校数据中心而言，数据恢复演练是保证备份数据真实有效和测试数据恢复时长的重要方法，也是数据中心系统与数据运维的一项重要工作。在日常工作中，数据中心运维人员需要定期进行演练，熟悉每一项工作的要点，才能确保真正需要数据恢复时候能顺利恢复数据。

1.2.4 数据中心的优化及管理

1.2.4.1 设施设备的优化及管理

对数据中心设施设备的优化及管理主要从降低能源消耗、优化空间管理、降低安全隐患、提高工作效率等方面进行。

由于数据中心集中存放着大量 7×24×365 运行的设施设备，其能源消耗巨大，设法降低数据中心的能源消耗是数据中心设施设备运维优化管理的一项重要工作。具体方式方法主要包括：定期清理或清除不再需要的工作负载，关闭僵尸应用所占用的服务器等资源；运用高性能低能耗的新型服务器替换陈旧的高耗能服务器；通过部署虚拟化等新型的数据中心架构，整合资源，提高服务器的利用率，降低数据中心能耗。

随着数据中心设施设备越来越多，如果无法有效利用空间，数据中心将无法继续承载新业务。数据中心空间管理优化的措施主要包括：在新设备进入机房上架时对设备间距、网络布线、电源线路等做好规划，避免空间浪费及线路繁杂；淘汰老旧服务器，定期将关闭的僵尸设备下架，给新设备腾出存放空间；通过虚拟化技术、配置服务器 BMC 管理口等方式管理服务器，减少在机房插接显示器等外设访问服务器的工作，节省机房机柜空间，提高工作效率。

随着数据中心的发展，机房的设施设备越来越多，有效的机房监控可以降低安全隐患，提高工作效率。通过机房各类监控，数据中心工作人员可以通过相关 App 清楚地了解机房的温湿度、气流、有无漏水及异味等信息，并及时根据报警信息进行应急处置。同时，历史数据永久保存，方便追踪分析事件的前因后果，为进一步优化数据中心设施设备管理提供有力的数据支撑。

1.2.4.2 数据与系统的优化及管理

高校数据中心数据管理的目的是保证数据中心数据的完整和安全，同时又为整个学校的数据共享提供支持。通过建立集中统一的中心数据库，统一运维管理，在保证数据可用的同时大大降低对普通系统管理员的技能要求，达到数据优化的目的。在硬件方面，数据中心统一规划，采用可动态扩展的计算节点、存储节点及冗余方案，容量和性能都可以根据实际需求动态调整，提高资源利用率，保障数据完整安全，降低硬件设备损坏及更新换代对业务运行连续性的影响。在软件方面，减少了采购数据库及相关软件量，避免了重复采购造成资源浪费、增加运维难度、软件版本不统一等诸多不便的问题。在日常管理中，通过数据中心集中实施的数据库巡检、监控、容灾备份，优化数据的管理。

数据中心系统运维管理的目的是保证操作系统及应用系统高可用性和安全性。由于应用系统受开发者的个人习惯及职业素养等各种因素影响，在数据中心的系统运维管理中，应用系统的优化管理主要包括采取更规范的管理方式，在应用系统上线前通过漏洞扫描、渗透测试、签订保密协议等方法减少应用系统的安全漏洞；通过操作手册、部署架构等文档规范应用系统的操作；通过数据备份、快照等方式加强数据安全性保障。在操作系统的优化管理上，通过数据中心集中管理操作系统，通过运维操作标准化手册编写自动化脚本，实现自动化批量操作。同时，通过优化数据中心架构，根据需要对操作系统进行快照、迁移，不仅可以实现操作系统备份，还可以跨平台、跨服务器地灵活管理操作系统。

1.2.4.3 流程与制度的优化及管理

由于数据中心运维管理工作的综合性、专业性以及复杂性，日常的维护工作量较大，许多工作需要跨部门，协调工作的工作量也不小。流程与制度管理优化是在不改变部门组织架构的情况下，优化部门之间沟通渠道，缩短数据中心业务响应及处理时间，将被动管理转化为主动管理。在具体实施时可以通过各类平台数据接口二次开发，将预警数据实时传输到工作群等平台以实现实时数据共享，提高沟通效率，降低沟通成本。

数据中心的高精度设备、纷繁复杂的各类应用系统以及日新月异的高新技术要求数据中心工作人员掌握专业所需的各种技能。因此，数据中心运维人员在完成日常运维工作之余还需要进行周期性的技术培训及应急演练，以便更好地规范化运维、快速应急响应及故障排查。通过安全培训、技术实施培训，让工作人员一专多能。通过贴近实战的应急演练切实提高基础设施运维管理人员的应急处置能力。适度签订维保，引入专业的第三方运维公司提高数据中心运维质量。通过有资质的第三方测评公司合作，对数据中心运维进行检测评估，及时发现数据中心运维中存在的风险隐患并提出完善意见。

数据中心必须在流程和制度管理上足够优化，才能更好地适应云时代的进程，完成数据中心模块化和标准化的运维，降低硬件故障、系统问题、人为失误等问题对数据中心整体业务服务质量的影响。

1.3 教室及学习环境构建

1.3.1 教室管理机构

1.3.1.1 教学运行保障部门

高校课堂教学环境由教学运行保障部门构建。随着高等教育的不断发展及各高校教学规模的不断扩大，教学运行工作不仅仅依赖提高教学设备管理水平上，更需要提高教学服务保障质量和服务时效。每所高校均设置有教学环境保障部门，该部门主要职责是保障教学设施、设备的正常运转、保障教学秩序的正常开展，教学环境的规划、打造及建设。高校教学保障部门一般归属网络与信息化中心、教务处或是后勤。

1.3.1.2 高校教学运行部门职能划分

A 教学设施管理及分工

多数高校教学设施由教务处/研究生院、后勤和网信中心三个部门进行管理。主要分工如下。

（1）教务处/研究生院：负责全校公共教室的使用和调配工作。教学任务内的教室使用由教务处/研究生院统一安排，如需临时使用教室，可通过线上或是线下流程进行申请使用；

（2）后勤部门：负责全校教学场地日常管理工作，具体为：开关门、配置教具（如：时钟、粉笔、黑板擦等）耗材，课桌椅、窗帘、水电维护及教室内清洁卫生等；

（3）网信中心：负责全校教学场地多媒体设备，如多媒体教室、智慧教室、计算机机房、语音室及其他教学场地的规划、建设、检修维护和日常管理工作。

B 教学运行保障部门职能

教学运行保障部门的职责主要包括：负责学校教学活动辅助支持；学校多媒体教室和计算机公共机房规划、建设和管理；计算机教学实验室辅助教学；计算机等级考试及其他上机考试的计算机设备管理；以及辖区内综合治理与安全管理等。其日常工作主要是：负责多媒体教室及机房的日常管理、运维工作；深入开展教学信息化推进工作及教学信息化研究工作；负责计算机教学实验室工作；负责计算机等级考试和各类计算机上机考试工作；负责多媒体教室及机房建设工作，包括新技术研究、前期调研、需求分析、规划、方案设计、招标及建设实施工作；负责科室管辖区域综治安全，如对科室安全责任区域、重要设备、重要系统、重要数据及日常工作运行进行实时监控；为学校其他部门提供计算机相关技术服务工作。

C 高校教学保障特点及发展方向

a 高校教学保障部门特点

高校具有100间以上的教学场地，分布在不同楼宇，每一批次的教学设备采购时间及型号不一，设备型号种类多样，表现出设备维护的复杂性；其次，随着教学方式的不断改进，从传统多媒体教室扩展到录播教室、智慧教室；教学模式从传统的“填鸭式”教学，变成了情景教学、互动教学、MOOC教学、直播、录播、远程互动教学等多种方式。教学设置和教学模式的多样性，同样也增加教学保障难度。教学保障工作伴随着教学工作的开展，在时间以及空间的层面均具有很长的维度，基于广阔性层面进行相应的教学保障工作开展，体现出了教学保障工作的复杂性特点[12]。

b 高校教学设施维护与管理措施

(1) 完善的教学设施维护与管理制度。完善的制度能够营造良好的管理环境。高校应加强对教学设施维护及管理的制度建设，加强管理意识，规范多媒体设备维修维护、设备使用、设备管理以及管理人员行为手册。以确保设备管理能够明确到人，设备出现故障时能够得到及时维护。制度的建立同样需要制度的落实，严格落实监管力度，让措施落到实处，长此以往，学校师生及管理员都将自觉维护好教学场地，营造良好的教学氛围。

(2) 新型设备的投入及信息化的监管。教学设备繁多且杂，一般多媒体教室设备包含十余种设备，如电脑、显示器、投影设备、幕布、中控、IP 电话、音响设备等。部分设备性能不稳定，安装环境复杂且灰尘大，极易造成设备故障，单台的设备故障则会造成教学影响。因此，高校应尽可能引入产品稳定设备，从源头减少故障率；提高设备集成性，将单台分散的设备集成为一体机，方便更换及管理；采用激光投影或互动教学屏，减少投影仪的更换；将全校单台计算机的管理，更换为云桌面进行管理，提高管理效率。这些措施，都将极大减少设备的维护工作量。

除了引入新型设备外，作为管理部门对设备的监管也需要科学化，信息化的管理方式，如开发或引进设备故障监控平台，可实时监管各设备的运行状态；设备管理平台，对设备状态、设备地址、借用、维修等进行管理。

(3) 加大设施管理人员的投入。各高校应加强技术人员投入。目前各高校对教学管理部门的人员投入并不重视，认为只是属于技术含量较低的工作。教学在整个高校中属于核心地位，教学设施的软硬件建设关系到整个高校将采取什么样的教学模式开展本科及研究生教学；教学设备的运行及管理好坏将直接影响到教学质量。因此，教学运行保障部门应为学校的重点保障部门，应引入各层次人才，如引入教育学专业人员，能够在教学设施建设方面做出整体规划；引入网络维护人员对教学环境网络进行规划和日常维护；引入服务器管理员对教学服务器、教学云桌面、教学存储设备及教学资源平台进行维护和管理；引入熟悉强、弱电的专职维修技术人员，进行设备日常的维修及保障。加大人才的投入，才能保障高质量的教学设施环境。

c 高校教学保障部门发展方向

(1) 教学设施建设顶层设计。国内高校建设有各类型的教学设施，如多媒体教室、录播教室、智慧教室、研讨室、计算机机房、实训中心、专业实验室、学生自习室、英语实训室、场外学习空间等；各类教学应用平台，如课程资源中心、教学互动软件、学情分析系统、教学及考场监控系统、教评系统等。国内高校具有智慧校园顶层设计，但缺乏教学保障的理论研究及高校教学设施的顶层设计，存在跟风、随意建设教学设施的现象。作为教学设施保障部门，应该根据本校实际情况，对高校各部门、各学院教学设施进行统一规划、统一管理、统一调配使用。建立高校教学设施规划的顶层设计，以达到高校资源合理分配和利用。

（2）促进高校教学，从软硬件上推动教学变革。教学设施保障在高校教学中为奠基石，具有极其重要的作用。教学设施是为更好支撑高校本科/研究生教学、人才培养模式改革、专业建设及课程建设等[13]。高校教学建设、改革和管理由教务处/研究生院负责；专业、学科建设、教学课程改革由各学院负责。但没有教学设施的保障及支撑，将会严重影响高校本科教学质量，以及各类教学管理措施的落实，教学、课程体系改革以及专业建设也无从谈起。教学保障部门的职责就是建设及保障各类教学环境，通过软硬件来改变、推动教学方式及模式的变革。

1.3.2 高校教学基础设施及软件平台

高校教学的多样性，决定了教学设施的多样性。在教学硬件上，各高校配置有多媒体教室、精品录播教室、常态录播教室及智慧教室等；从高等教育所需软件来说，线上资源中心、学情分析系统、评教评学系统、毕业管理系统等都是围绕高校教学进行配置。下面从高校教学需要软硬件配置分别进行介绍。

1.3.2.1 教学保障基础设施简介

高校教室发展历程经历了多媒体教室、录播教室、一直到 2015 年后提出的智慧教室。多媒体教室在最传统的写黑板教室的基础上，加入了视听技术、视频影音等可以让师生在时空上看到距离他们极其遥远的事物，使得教学更丰富、形象。录播教室则是在多媒体教室技术基础上加入了录制模块，为各教师之间探讨教学规律，研究教学方法，推广教学经验，打造精品课程提供了一个重要途径。而智慧教室则是在多媒体教室及录播教室的基础上，通过教学学习环境的改造、教学互动软件、教学资源平台、教学设备、物联网以及组合可移动桌椅形成的一套互动式的教学方式，对教室结构进行了重组，主旨是打造以学生为主的“小班教学”“互动教学”“研讨性教学”等教学模式。

下面，我们分别介绍多媒体教室、录播教室以及智慧教室。

A 多媒体教室

从 2000 年初至今，多媒体教室是高校教学场所的基本配置。用多媒体开展教学生动、直观，大幅降低了教师的板书工作量，受到师生的普遍欢迎。多媒体教室从最初的单间单套设备管理演变为网络一体化管理，极大简化了人工管理。如图 1-12 所示，通过网络管理中控，整个学校数百间教室实现一体化启停、管理及监控，极大方便了师生教学及工作人员的管理。

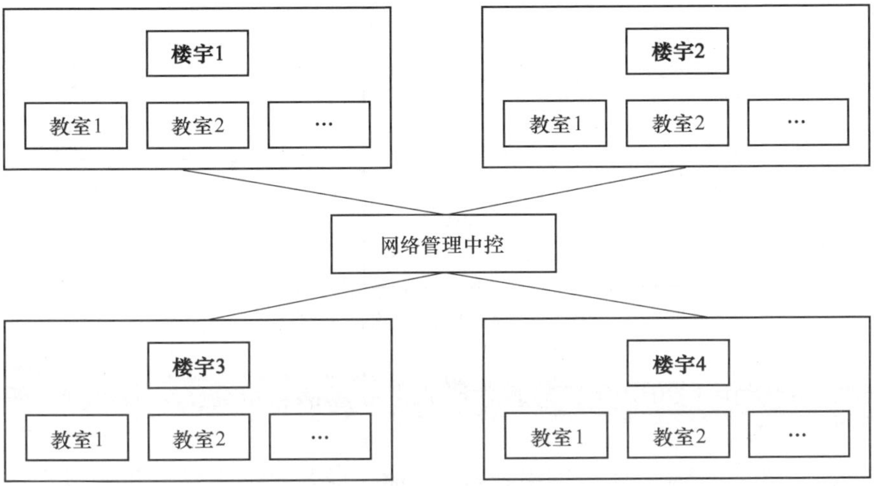

图 1-12 网络多媒体教室管理拓扑图

多媒体教室建设应秉承配置简单的原则。最初建设多媒体教室包含的设备有：网络、电脑、中控、音响功放、调音台、展示台、交换机、投影机、电动幕布等[14]。设备众多、布线复杂、部分产品不成熟、性能不可靠、稳定性不高等问题，给多媒体管理人员带来极大的管理工作难度。

由于多媒体教室利用率非常高，连续工作时间长，教室内灰尘多，运行环境恶劣，使用人员信息化水平参差不齐，极易造成设备故障。当某一个核心设备故障时，整个教室将出现瘫痪的现象，影响多媒体教学的正常开展。针对这种现象，从 2015 年开始，国内部分教学厂家开发出一体化多媒体教学设备，该设备集中电脑（OPS）、音响/功放、网络中控、IP 电话、控制面板等设备，通过可扩展功能的模块化设计，融合为一台功能齐全、操作简便的终端主机，再通过外接一个互动一体机，就形成了一套新型多媒体教室设备（见图 1-13）。该模式保证系统和设备的易学易用，当设备故障时，可以通过插拔方式更换某一模块。通过这一方式建设的多媒体教室，设备单一，操作简单，通过中控面板一键开关多媒体设备即可。管理人员通过中控软件，也可以实时观测多媒体设备故障，以便及时进行故障处理。将师生和多媒体设备管理人员从复杂的操作和管理中解放出来。

多媒体技术在教育中的应用越来越广泛，其便捷性与高效性得到了教师与学生的共同认可。多媒体在高校应用更是深受教师与学生的喜爱，借助多媒体手段能够激发学生的课堂注意力，提高学生的学习兴趣，在高校教学中加入多媒体技术，能够通过充分利用多媒体技术将高校教育基础知识更加生动地传授给学生。

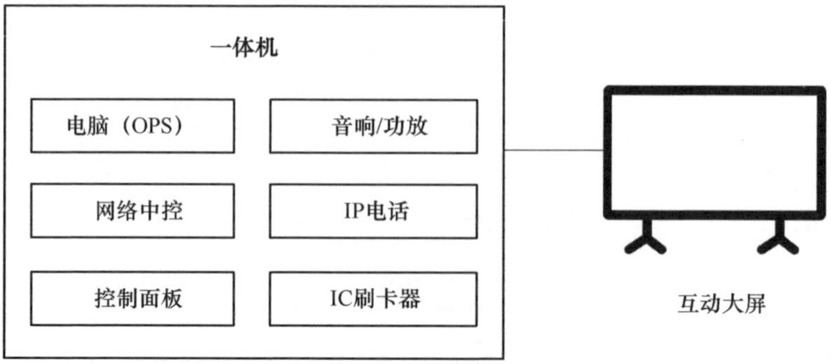

图 1-13　新型多媒体教室设备系统图

多媒体教学已运用了 20 余年，对教学带来了一场信息革命，为高校教学任务带来了极大的便利和改革。

随着计算机多媒体技术及网络技术的发展，多媒体教室在应用的过程中，出现了新的需求，即建设精品课程。多媒体教学对课程资源不能进行保存，随着教学的开展，录播教室成为高校中不可缺少的教学场所。精品课程的出现可以供师生观摩、建立课程资源，完成知识的传承，能够更好地提高教学和人才培养质量。

B　录播教室

近年来教育信息化建设在我国高校迅猛发展，已逐步从基础设施建设转向以应用和资源建设为主的深层次建设阶段。《国家中长期教育改革和发展规划纲要（2010—2020 年）》指出：信息技术对教育发展具有革命性影响，必须予以高度重视。教育部《教育信息化十年发展规划（2010—2020 年）》明确了教育信息化发展目标：基本建成人人可享有优质教育资源的信息化学习环境；基本实现宽带网络的全面覆盖；教育管理信息化水平显著提高；信息技术与教育融合发展的水平显著提升。《中国教育现代化 2035》在十大战略任务中提出要加快信息时代教育变革，建设智能化校园，统筹建设一体化智能化教学、管理与服务平台。

把握机遇，加快推进，建设好“三通两平台”，也就是做好“宽带网络校校通，优质资源班班通，网络学习空间人人通”[15]。优质的教学资源建设与共享对教育教学的发展、高校教师成长以及学生学习起着重要作用。

录播教室分为精品录播教室、常态录播教室两类。

a　精品录播教室

最初建设的录播教室均为精品录播教室。其目的是打造自动智能化教学录播。录播的课程可以用于打造精品课件，实现高质量教学资源的建设、存储、共享及传播。录播设备一般包含：服务器（存储设备）、视频系统（高清摄像头或摄像机）、定位系统、音频系统（音响、拾音器、吊麦）、高清编码系统、音频处理系统、录播编辑系统以及直播导播系统等。图 1-14 为录播教室设计布局图。

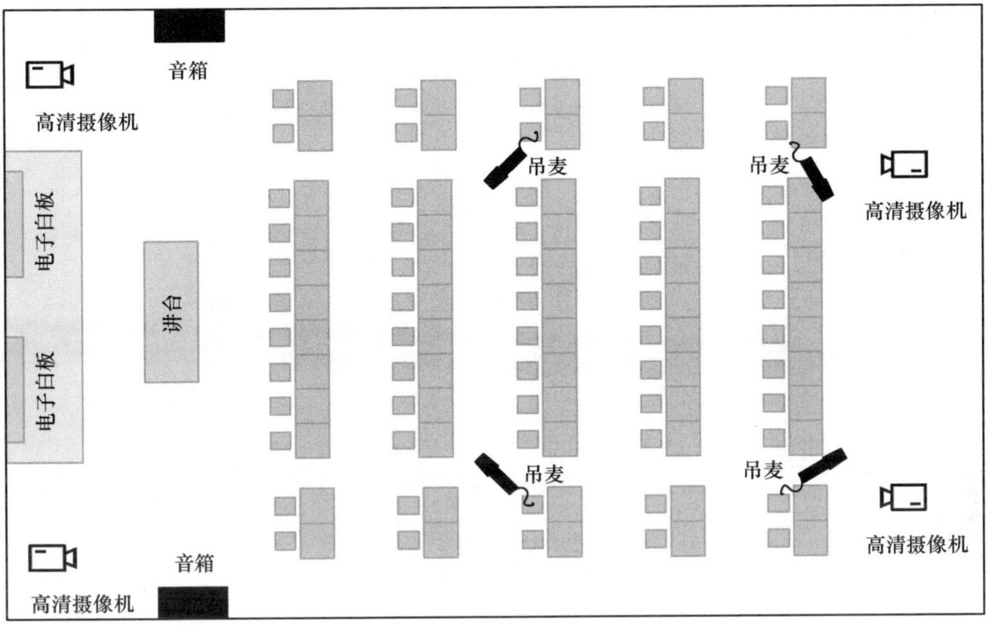

图 1-14　录播教室设计布局图

现在高校基本都建设了精品录播教室，资金充裕的高校会建设 10 间以上，一般高校建设几间。精品录播教室建设较少的原因有以下两点：一是录播教室建设费用高，一间标准录播教室建设需几十万甚至上百万的经费，很多高校并没有足够资金投入；二是录播定位不精准，大多数需要人工干预。录播系统包含大量的设备操作复杂，每次录播课程均需投入 1～2 个工作人员，人工投入成本高。精品录播教室不能满足高校大量教学资源建设的迫切需求。

随着信息技术的发展，常态化简易录播教室的需求变得越来越迫切。

b　常态录播教室

常态录播教室能在满足教学常态化的前提下，自动生成教学实况录像，完整地记录教师在授课中的活动，实现教师授课、PPT 课件、师生互动等多路视音频信号的自动跟踪、切换、录制和直播功能，形成高质量的视音频文件，供广大师生及教研管理者课后点播观研、网上共享或制作成省部级、国家级精品课程。常态录播教室设计如图 1-15 所示。常态录播教室主要应用于日常教学中，教师在上课的时候，自动进行课程的录播功能，而不需要专程重复上课。

常态录播系统设计思路为“化繁为简”。配置设备有软件和硬件，分别为：互动管理平台、AI 互动教学系统、4K 跟踪摄像机。设备配置简单，费用较低，通常一间教室费用大概 1 万～3 万元。良好的录播效果、操作简单以及低廉的价格，高校可以大批量建设。

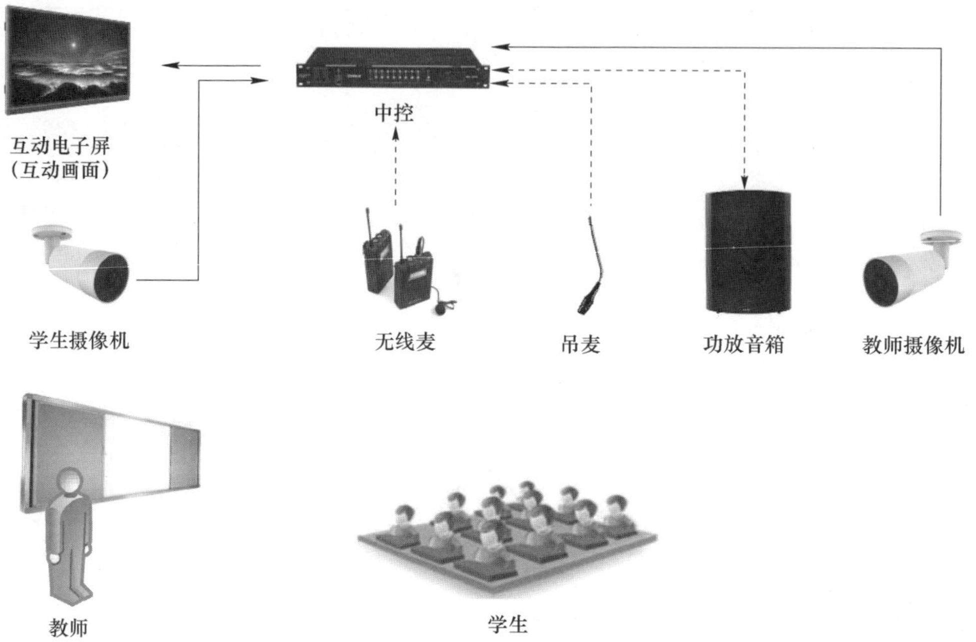

图 1-15　常态录播教室设计效果图

常态化录播主要实现以下功能：

（1）录播功能。常态录播系统带有教师端以及学生端的 4K 跟踪摄像头，可以在教师和学生、PPT 和板书之间进行自动跟踪切换录播。

（2）编辑功能。完成录播后可以直接将视频转码编辑为 MP4、WAV 等格式，可以直接上传到课程中心，制作课程资源。

（3）微课制作功能。可以实现省级及国家级精品课程打造，录制效果可以进行后期编辑，以达到精品录播效果。

（4）远程直播互动功能。安装相同设备的常态录播教室，可通过网络实现跨校区的直播互动，实现不同校区的授课；学生可以通过扫描二维码实现手机观看。

常态录播教室的建设给课堂教学带来了新的契机，为高校大量、快速打造课程资源提供了新的方式和工具。相比精品录播，常态录播教室更利于高校的大量普及。

但是，随着技术的发展，教育教学的变革，对多媒体教学提出了新的要求。知识获取和传授方式、教与学等关系都发生了重大变化，高校的课堂教学对教室的功能服务也有了新的要求，智慧教室随之孕育而生[16]。

C　智慧教室

2018 年是新时代高等教育元年。这一年不仅召开了全国教育大会和新时代首次全国高等学校本科教育工作会议，而且出台了多项关于高等教育的政策，都无一例外地强调要利用“互联网+教育”、信息技术与教育教学深度融合，推动课堂教学革命，要求积极推行小班化教学、混合式教学、翻转课堂，要大力推进智慧学习环境的建设。这些无疑为智慧教室的建设注入了助推剂，为此全国各高校智慧教室的建设如雨后春笋一般如火如荼地进行。

a　智慧教室建设的意义

满足人才培养的需要。教室是教师教学和学生学习的主要场所和重要依托，随着信息技术的不断发展，知识获取和传授方式、教与学等关系都发生了重大变化。传统的注重整体、规模、标准化、同步化培养的“填鸭式”“满堂灌”课堂教学方式已经不能适应国家对人才培养的需要，而差异化、个性化、启发式、互动式讨论恰恰是信息时代教育的特点和要求。借助先进的信息技术，构建利于课堂师生交流、互动、协作和共享，促进学生主动参与学习和进行个性化学习的智慧教室，为改进传统教学方式、促进课堂教学革命提供了场所和技术支持。

b　智慧教室建设存在的问题

（1）智慧教室的建设没有统一标准。目前智慧教室尚无国家和行业规范，2018 年 7 月出台的国家标准《智慧校园建设框架》中对智慧教学环境建设进行了勾勒，但对智慧教室体系架构、要素内容和判断标准并没有明确界定，部分行业内知名公司争相发布智慧教室解决方案和建设标准，也都是从商业利益出发，科学性和规范性无从谈起，智慧教室在设计标准上仍处于烟囱林立状态[17]。

（2）智慧教室建设资金困难。通过调研发现，原来的“985”和“211”高校，由于国家投入较大，所以资金相对比较雄厚。就四川而言，四川大学投资了 2 亿元建设智慧教室，成都电子科技大学投资 2400 万元建设智慧教室，西南交通大学投资 2200 万建设智慧教室。但是由于智慧教室的建设需要投资较大，全国许多高校都为建设智慧教室的资金发愁，所以在一定程度上影响了智慧教室的规模。

（3）智慧教室的使用不尽如人意。智慧教室的使用改变了传统的教学方式，它不仅仅需要教师掌握教室设备的操作，更多的是需要进行教学改革，重新进行授课准备。需要教师重新进行课堂教学设计，将学生课前预习、课堂互动教学、课后复习各环节统筹考虑，重新备课，重新制作课件，工作量巨大。另一方面许多高校没有适当的激励政策鼓励教师开展教学信息化的研究和实践，导致教师主动进行改革的动力不足。同时一些高校教师对信息技术手段掌握不充分，信息技术与教学的融合能力不强，主观不愿意加上客观能力有限，即使学校有较多的智慧教室也难以发挥其应有的作用。目前，智慧教室使用最好的高校是四川大学。他们不仅对教师使用智慧教室有硬性规定，同时也有相应的激励政策鼓励教师使用智慧教室开展课堂教学改革。

c 智慧教室建设方案

各高校智慧教室建设没有统一标准。智慧教室打造可分为两部分：教室学习环境打造及智慧教学系统打造。

首先，打造智慧教室室内学习环境是必不可少的内容，对空间的结构设计要突出区域的互动交流和学习功能，同时要符合当下年轻人的时代特点。智慧教室建设以物联网技术结合室内装修，通过打造以学生为中心、独具匠心的温馨空间，使每一寸空间都充溢着浓烈的读书求学氛围。

其次，是智慧教学系统的打造。智慧教室通过对高校教学的探索，分析智慧教室的特征，对其功能进行梳理，整体来说可以对智慧教室进行以下几种分类：分组（多屏）研讨型智慧教室、多视窗互动智慧教室、网络互动智慧教室、手机智慧教室（常态化智慧教室）、共享智慧教室（远程录播、直播）、AI/VR 智慧教室等。下面，我们对这几种类型进行简单的介绍。

（1）分组（多屏）研讨型智慧教室。分组（多屏）研讨型智慧教室指在一个教室内部署专用多屏互动主机，实现多屏信息展示与小组活动自动同步；每个多屏幕主机形成学习岛，每个学习岛相对独立且又相互关联，可以实现 PPT 共享、文件发送、随堂测试、手写板书及图像互动等形式（见图 1-16）。该教室结合多种教学模式，如研讨型、小组型、探究式、混合式等，让教学更加科学、轻松、有效。

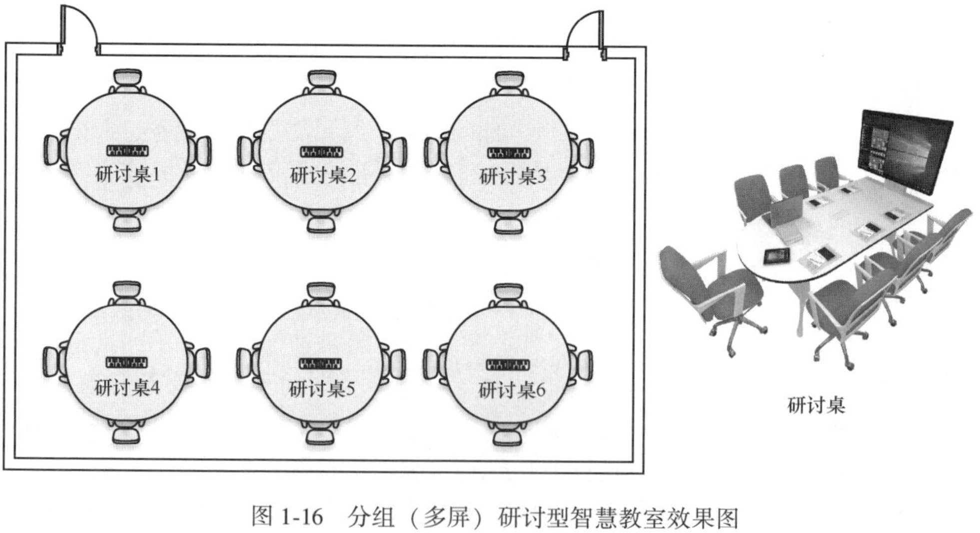

图 1-16 分组（多屏）研讨型智慧教室效果图

（2）多视窗互动智慧教室。通过双投影融合成一个屏幕（或双大屏）同时对多个教学资源进行展示、对比，实现高难度复杂问题的全方位展示（见图 1-17），使教学内容更加形象生动，教学手段更加丰富，加深学生对知识的理解和把握。

多视窗互动智慧教室同时能让学生通过手机参与课堂，实现及时反馈，活跃课堂气氛，激发学习热情。课前，教师通过智慧教学云平台推送学习资料，学生通过手机预习；课中，学生通过手机 App 与教师实时互动，实现签到、答题、提问、资料传输、分组教学等功能；课后，教师发布作业考试，完成学习效果检验。所有教学过程数据均保存在智慧教学云平台上，方便教师随时调用。

图 1-17　多视窗展示效果图

（3）网络互动智慧教室。网络互动智慧教室不同于传统授课教室，在该智慧教室内，部署有 40～60 台计算机，学生可以通过计算机参与课堂教学，与教师互动、自主学习；互动数据全记录，保存在配套教学互动软件教学平台中。网络互动智慧教室效果图如图 1-18 所示。

（4）手机智慧教室（常态化智慧教室）。手机智慧教室也就是在传统多媒体教室的基础上，引入手机互动软件，如雨课堂、课堂派、爱课堂、超星学习通等。学生通过手机参与课堂，实现及时反馈，活跃课堂气氛，激发学习热情，同时通过智慧教学云平台，集课前、课中、课后为一体，开启随时随地互动。课前，教师通过智慧教学云平台推送学习资料，学生通过手机预习；课中，学生通过手机 App 与教师实时互动，实现签到、答题、提问、资料传输、分组教学等功

图 1-18　网络互动智慧教室效果图

能；课后，教师发布作业考试，完成学习效果检验。所有教学过程数据均保存在智慧教学云平台上，方便教师随时调用。该方式成本低，只需要引入一套软件即可。手机智慧教室结构图如图 1-19 所示。

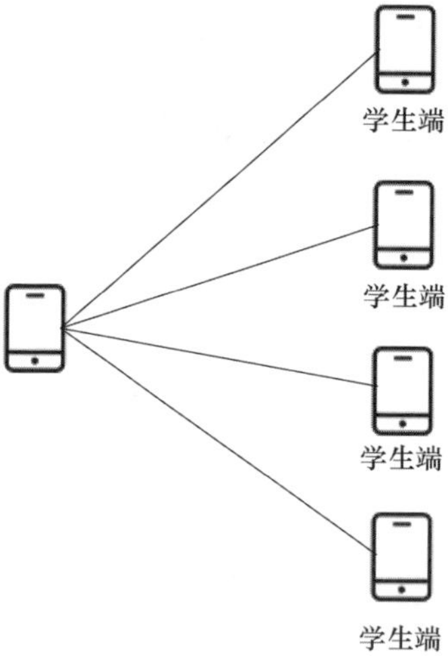

图 1-19　手机智慧教室结构图

（5）AI/VR 智慧教室。AI/VR 智慧教室相对复杂，功能齐全，造价高。可实现人脸识别、互动教学，VR 教学、教学监管、教学成果分析、打造课件资源等。其以教育和评估智慧化为核心，提供专业课程智能教学、教学过程监测、数据分析，实现启发式、探索式教学的目的。该智慧教室主要涉及教室装修、网络设备、服务器、云桌面、物联网产品、交互大屏、VR设备、专业课设备、教学交互软件、资源管理分配软件、人工智能课件资源、大数据课件资源及无人系统课件资源等。

1.3.2.2 教学保障软件平台简介

高校教学的顺利开展需要软硬件建设协调同步发展，教学基础设施建设是物质基础，是软件运行的前提；教学保障软件平台搭建是核心，为硬件建设提供导向和动力，二者相互依存、协调配合，才能更好地发挥软硬件功能，为教学提供更优质的服务。围绕高校教学搭建的教学保障软件平台包括线上教学资源中心、学情分析系统、课堂教学监测系统、教室考场监控系统、评教评学系统、智慧课堂教学平台、智慧教室软件平台、教学设备管理系统、毕业设计管理平台、教学质量大数据监测系统等（见图1-20）。

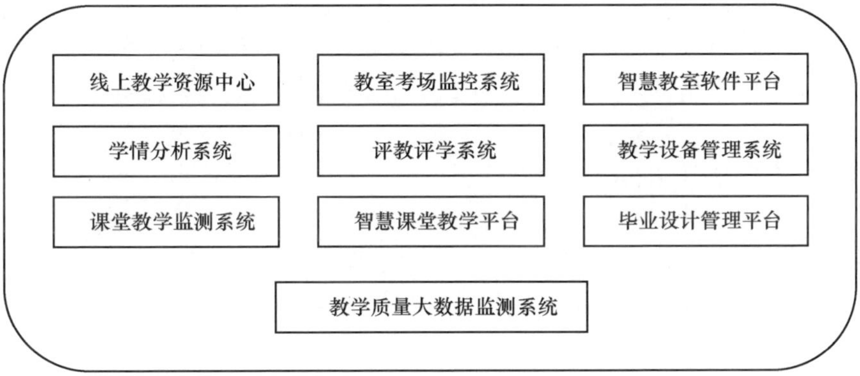

图1-20 教学保障软件平台

A 线上教学资源中心

教学资源的开发需要耗费教师大量的时间和精力，部分重点课程或者精品教学资源的开发时间多达一年甚至更久才能完善。然而，在教学资源开发过程中存在资源重复开发、缺乏系统整合、资源更新维护缓慢等缺点。随着高校数字化、网络化的不断深入，建立线上教学资源中心能够实现资源聚合，打破信息孤岛，对学校教学资源进行统一管理，有利于改善教学资源保存零散、杂乱、不成体系的缺点，方便师生查询使用各类型教学资源，实现教学资源的利用最大化。线上教学资源中心包括自建资源和第三方资源，支持资源的上传、下载、搜索、引用以及推送等功能。

（1）自建资源是由高校教师独立或者协作建设的教学资源，包括教学课件、测试题库、录播视频、线上课程及教案等。教师可在线上资源中心创建线上课程，可对建立的课程进行编辑、教案管理、教学课件更新维护、测试题库管理等，创建后的课程在资源中心展示，以便学生进行选课学习。教师在建立教学资源时，通过平台的搜索功能，对已有资源进行查看和整合，避免重复资源以及单一资源的建设。平台可对最近更新的教学资源进行展示，推荐最受欢迎的教学资源以及教学资源下载排行榜，实现优质教学资源的共享。

（2）第三方资源包括中国大学精品开放课程、尔雅通识课、中国大学 MOOC（慕课）、学堂在线精品课等，教师可引用优秀精品课程示范包，示范包里面包括教学大纲、教学视频、PPT 课件、教案、课后练习题以及测试题库等，教师可结合学生及自身情况，可对相应的教学内容进行修改，实现快速建课[18]。

B 学情分析系统

学情分析系统以数据科学为基础，对学生的学习过程数据和学习结果数据进行全方位的采集，通过对采集的数据进行诊断分析，基于学习者个体的差异，为学生提供个性化的学习诊断与学习建议，帮助学生寻找学习的盲点，查漏补缺，更有针对性地学习。教师、家长及教学管理人员通过动态数据更新与可视化分析结果，能够全面直观地了解学生的学习状况，及时调整相应的策略，制定更为科学的教学决策。学情分析系统通过对教学数据的全面采集分析，为不同对象生成多维丰富的报表分析结果，既可以帮助师生实行精准教学，也方便学校教学管理人员及时掌握整体教学状况，对教师进行客观评价和教学均衡。

（1）学生层面：学生可以看见自己的各项互动情况（如参与互动次数、视频观看时长、评论次数、资源下载次数等）、学习分数排名、知识点掌握情况、历史考试的变化曲线，能够接收到教师或系统的学习干预，能够及时掌握自身学习进度。

（2）教师层面：教师可以通过统计分析结果查看学生学习过程状态及学习结果状态。1）学习过程数据包括学生学习资源使用数据，如下载资源次数、视频观看次数、观看视频时长、视频暂停位置、视频回看部分、提问最多的问题等，通过分析这些数据可反映出学生感兴趣的知识以及难以掌握的知识；学习互动数据，如回答问题次数、互动次数、答疑次数、主题讨论次数等，教师可以查看对某一个同学的统计分析图，也可查看整个班级的分析图。2）学习结果数据包括学生的课堂测评、平时成绩以及期末成绩，通过对测评结果的具体分析，教师可以掌握学生对每个知识点的掌握程度以及整体学习效果。通过对学习过程状态的观测，系统会给学生进行学情预警，当学生的各项学习评分较低、学习进度缓慢时，判定学生处于风险学习阶段，教师应当对学生进行学习干预，及时帮助学生解决问题。

（3）家长层面：家长能够通过曲线图、柱状图等可视化诊断报告，了解学生的历史学习情况、历次考试情况、在班级的排名情况及学习水平情况、学习进度情况等，随时掌握学生的学习状态，帮助学生进行针对性的强化训练。

（4）教学管理者层面：教学管理者可通过系统了解所有班级学生的学习成

绩分析统计、平时各项学习情况对比、教师排名情况、教师教授班级情况等，能够根据分析结果对教师进行客观的评价，制定更加精准的教学决策。

C 课堂教学监测系统

课堂教学质量是衡量教师教学效果的重要内容，通过监测学生的听课状态，可以更加直观地了解学生的学习情况，帮助教师及时调整教学策略，提高教学质量。传统教室教师主要通过课堂观察、提问、互动等方式来监测学生的听课状态，这种监测方式工作量大、数据零散、速度慢、数据无法保存，不利于教师客观、科学地对学生的听课状态进行量化统计。搭建课堂教学监测系统可以主动监测并采集数据、对数据进行描述、分析统计数据，最终生成学生课堂听课状态的评估报告，科学量化地帮助教师了解学生的学习状态。

监测系统以传感器为硬件基础，对学生上课期间的肢体状态、面部表情、语音等数据进行周期性的采集[19]。肢体状态的采集包括抬头、低头、趴桌、歪头、举手等，通过统计抬头次数可计算抬头率，抬头率是许多高校衡量课堂教学质量的重要指标，互联网“入侵”大学课堂的现象屡见不鲜，学生上课低头沉迷网络信息，教师经常一个人唱独角戏，抬头率在一定程度上反映了教师的教学能力和水平，如何改进教学方式方法提高学生的抬头率也是高校教师需要不断思考的问题；通过对举手次数的统计，教师可以分析班级活跃学生与被动学生，对被动学生加以关注引导，提高整体教学效果。面部表情识别如倾听、疑惑、理解、抗拒、不屑等，学生的面部表情传达了大量的信息，教师可以通过对学生面部表情识别的统计分析，判定学生是处于积极、疑惑或者是消极的听课状态，及时对某一教学环节或知识点进行调整。语音数据采集包括回答问题的内容、次数、位置等，教师可以对学生回答问题的内容进行再分析，判断学生所在位置是否影响学生听课状态等。通过对这些数据的综合分析可以全面反映学生的听课状态，有效地帮助教师进行课堂教学监测。

D 教室考场监控系统

网络与信息技术的发展使得作弊手段越来越多元化，作弊现象层出不穷，传统的人工监考方式无法全面监测到所有考生，也不利于教学管理者对考试过程进行巡考。教室考场监控系统的搭建能够有效防止考生的各类舞弊行为，同时为考试违纪行为提供依据，既是保证考试公平公正的需要，也是互联网时代下新型考试管理方式的需要。教室考场监控系统主要功能包括网上巡查、视频监控、作弊防控、公共广播、声音采集以及日常教学巡查。

考场监控系统以教室安装的电子摄像头、拾音器、屏蔽器等为硬件基础，对考试全程进行电子摄像监控和视频记录留存，通过网上巡查和观看视频记录回放，有利于各级教学管理人员根据实际需要了解每个考场的考试情况。通过公共广播可以向考生传达考试要求、注意事项、考试铃声等信息；利用金属探测仪、手机屏蔽仪、电子探测狗、无线电侦测和阻断设备能够发现并防控学生的作弊行为；拾音器可以敏锐地捕捉到考场中的各种声音，考试期间由专人值守考场监控室，综合视频监控和声音采集的信息，对考场情况进行严密的监控，严防作弊行为的产生。此外，考场监控系统也可用于日常的教学课堂监控，学院督导组可以通过监控系统对教师的教学情况进行抽查，督促教师提高教学质量。

E 评教评学系统

教学评价是对教学过程及结果进行综合判断，并根据判定结果实施教学决策的活动，其两个核心环节是：对教师的教学工作进行评价、对学生的学习效果进行评价[20]。教学评价的结果可以帮助师生及时修订教学计划、调整教学行为，取得更好的教学效果，对教师和学生具有监督和强化作用。在传统的教学评价中，学生的学习效果直接由教师给出评价，教师的教学效果通常依据学生的学习成绩来判定，这种评价方式简单单一，不利于对教师、学生进行全面的评价。评教评学系统通过教学建议（主观评价）和指标评分（客观评价）两种评价方式相结合，能够让评教评学更加客观、科学和全面，对教师教学工作的评价，支持学生评教、教师评教、督导评教，对学生学习效果的评价支持教师评学、生生互评以及自我评价。

学生作为学习的主体，对教师进行客观的评价能够让教师对自己教学的优缺点得到及时的反馈，便于教师根据学生的需求进行教学调整，形成良好的师生互动关系。但是，也存在部分学生依据教师的严格程度对教师进行评分，要求低的反而分数高。因此仅凭学生评教是不全面的，还需引入教师同行互评以及督导评价。

同行互评能够站在不同的角度对教师的教学提出相关的建议，专业的评价也更有利于教师的快速成长。督导评价指的是相关的教学管理者对教师的教学进行评价，可通过网络巡课、观摩教学、教师教学成果统计等方式对教师进行综合评价，多方位评估教师的教学能力。

传统对学生的评价往往仅由教师进行判定，教育评价权全部掌握在教师手中，忽视了学生主体性和能动性，需引入生生评价和自我评价对学生的学习效果进行综合评价。自我评价能够帮助学生进行自我反思，从自身找原因，对自己的行为进行监督和调整，做出相应的学习规划，促进自身成长。生生互评的一个重要作用是同伴认可感，同伴的肯定能够极大地增强学生的自信心和学习动力，同时客观的建议也能帮助学生更好地改进学习的缺点，取得更好的学习效果。

F 智慧课堂教学平台

教学板书留痕是提高课堂教学效率的有效手段之一，尤其是对于理工科的学生而言，单纯的呈现 PPT 教学课件不能有效地帮助学生理解相应的知识点，教师经常需要对讲解的知识点进行推算、演练，在普通多媒体教室教师只能在黑板上进行推算，黑板空间用完之后教师擦干净黑板继续推算，无法对教学板书进行保留。对于部分理解能力较差的同学而言，需要不停地做记录以便课后回顾理解，这种记录方式对学生的听课效果会造成一定程度的影响，教师重复讲解同一知识点也会增加教师的工作量。搭建智慧课堂教学平台的多媒体教室，能够有效地保留教师教学过程痕迹。教师可以在触摸电脑上进行推算并投屏，此时教师的所有推算过程都可以通过软件保留下来，学生上课可以专心听课，不懂的内容课后通过回顾教学板书加以理解，双向减轻了师生的负担，具有普通多媒体教室不可比拟的优势。

智慧课堂教学平台主要由触摸式电脑、智慧课堂教育软件以及投影仪构成，软硬件环境搭建简单快捷，兼具黑板的互动性和媒体资源呈现的丰富性，支持录制课程、书写/批注、自定义截图以及高拍仪拍摄功能。其中录制课程可对相应的知识点、演算过程及批注过程进行录制。书写/批注可用电磁笔在空白区域书写，书写区域不够时，两指以上触摸屏幕向左滑动可继续书写；也可在 PPT/Word 上进行标注，支持标注内容的回看；可进行分屏板书，在播放视频的同时，可在另一区域进行板书，对视频内容进行相应的讲解。自定义截图可使用屏幕剪刀图标或电磁笔截取电脑图片或教师所画示意图，通过高拍仪拍摄实物/书籍共享给学生。

G 智慧教室软件平台

智慧教室是综合大数据、物联网、人工智能等技术手段与教学课堂深度融合的一种智慧教学环境，其智慧性主要体现在智慧互动、智慧评价、智慧管理、智慧资源获取等方面。智慧互动不仅包括师生互动，还包括生生互动、人机互动及学生与信息资源的互动；智慧评价利用大数据分析技术，将教师的教学过程数据、学生的学习过程数据进行统计、分析、综合评价，为教学改善提供可视化依据；智慧管理利用物联网技术，对教室的设备、光线、温度等进行智慧调节；智慧资源获取主要是结合学生的学习状态，动态地向学生推荐个性化学习资料，满足不同学生的学习需求。智慧性的实现需要搭建系列教学软件来支撑教学，包括教学智能交互系统、高清课堂录播系统、学习分析系统、远程教学系统以及智能物联控制系统。

(1) 教学交互是课堂的重要环节之一，教学智能交互系统利用互动教学大屏、平板电脑、手持终端、无线网络等设备，可实现多种交互形式，包括师生交互、生生交互、人机交互以及学生与信息交互。师生交互支持文件发送、随堂测试、锁定学生终端、课堂反馈、弹幕讨论等常规功能；生生交互可开展多种教学模式，如小组讨论、合作学习、探究式学习等；人机交互支持屏幕批注、分组投屏、小组多屏对比，在分组教学或研讨时，教师可以利用分组投屏功能，将各组任务下发到小组互动展示屏上，支持小组多屏对比；学生与信息交互支持学生从云端下载各种类型的学习资源，也可将平板电脑内容共享在互动教学大屏上或者同学的平板终端上。

（2）高清课堂录播系统是解决大批量教学资源制作的最有效工具，传统的人工拍摄方式需耗费大量的人力与时间，录播系统可以从各个方位对教学过程的所有环节进行实况拍摄，为后期视频剪辑提供全方位的剪辑素材，有利于制作生成优质的教学视频。录播系统主要由多镜头视频采集系统、音频采集与处理系统、视频跟踪系统和导播系统组成，其中多镜头视频采集系统和视频跟踪系统协调配合，可实现对教师、学生、屏幕展示、教室全景、学生特写的五机位自动跟踪录播，记录整个教学过程，利用多镜头素材剪辑出的视频能够很好地体现出真实授课现场；导播系统则具备完善的录课导播功能，可在教师、学生、屏幕画面进行场景切换，支持添加字幕、调节音效、调节焦距、多画面显示布局等功能。

（3）学习分析系统通过采集学生上课期间的学习行为以及在学习平台产生的学习记录，利用大数据技术对学生学习情况进行综合评价，对学生的学习情况提供个性化的指导。

（4）远程教学系统提供远程实时互动式教学、异地同步授课/学术交流、公开课观摩、课程答疑等多种模式，打破地域空间限制，让更多的学生能够与优秀教师进行交流。

（5）智能物联控制系统利用物联网技术对教室的光线、温湿度、通风、窗帘等进行智能调控，对教室内的教学设备进行监控，对故障信息进行预警，实现硬件设备的自动化管理。

H　教学设备管理系统

教学设备是师生进行教学、科研的重要物质基础和条件保障，其配备情况和质量水平是衡量一个高校办学水平和科研水平的重要标志之一。随着近年来国家对教育的高度重视，教育事业迅猛发展，教学设备的规模不断扩大、设备类型多样化，使得对教学设备的管理难度剧增。传统的电子文档记录方式已经不能满足设备管理的需要，搭建教学设备管理系统将更加科学规范地管理全校的教学设备。部分高校虽然有相应的教学设备管理系统，但是仍处于单机应用阶段，仅仅是对教学设备的收集和打印，相当于另一种形式的电子表格，并未实现科学规范地管理。一个较为完善的教学设备管理系统包括：设备入库管理、设备信息管理、设备出库管理、设备移动管理、设备维修管理、设备验收管理、各级人员权限管理。

设备入库管理模块需要将设备的编号、名称、型号、价格、领用单位、领用人、入库日期、报修期限等信息录入设备管理系统；设备信息管理模块可对单位领用的教学设备相关信息进行查询与修改、对设备损耗及使用进行记录；设备出库管理模块可对教学设备进行退库、报废、报失等相关业务的申办；设备移动管理模块可对设备位置变迁进行跟踪，当设备位置或所属单位发生变化时及时变更记录；设备维修管理模块可申请设备维修，填写相应的设备维修信息，生成设备维修记录，对重复维修的教学设备进行相应的处理；设备验收管理可对设备维修进行验收，各级管理人员根据维修流程进行审批。完善的教学设备管理平台既可以对全校的教学设备进行科学规范的管理，又可以对设备维修记录进行统计，为学校进行设备采购提供一定的决策依据。

I 毕业设计管理平台

毕业设计是学生在校期间学习效果的综合体现，是走向社会前向学校提交的最后一份答卷。传统毕业设计管理侧重于教师与学生的面对面交流，记录过程大多采用纸质或电子表格记录，需要耗费大量的人力和时间，不利于对全校学生的毕业设计进行高效便捷的管理。利用信息化手段搭建毕业设计管理平台，对整个毕业设计流程进行科学规范的管理，学生的选题、论文撰写进度、论文答辩等操作均在平台进行，教师和管理者可不受地点时间限制，对学生的论文进行审批与评价，极大地提高了毕业设计管理的效率。毕业设计管理平台主要涉及四个角色：学生、教师、评审专家和管理员，不同角色有不同的权限和功能，相互配合，协调完成毕业设计管理整个流程。

学生模块支持学生进行个人信息管理、上传开题报告、填写中期审查进度表、查看导师评价/学院意见/盲审意见/答辩评价、上传答辩论文。教师模块支持教师进行个人信息管理；对开题报告、中期检查、答辩论文进行审批，并给予审批结果或修改意见；可查看学院意见和盲审分组情况；能够下载学生的论文进行点评，包括自己指导学生的论文点评和盲审论文点评，且支持历史评价查看，以便教师结合学生的论文修改情况和评价内容给予指导。管理员模块支持管理员进行个人信息管理；对成员的增删改查及权限管理；对论文流程进行修改、发布和重置；对学生的开题报告、中期检查、查重、答辩进行审核；将师生信息、论文信息、答辩信息导入平台；对盲审分组进行管理。

J 教学质量大数据监测系统

教学质量监测的目的在于提升整体教学质量。通过对影响教学质量的各要素进行科学、系统、有效地监测，为不同层级教学管理者提供实时数据报表，生成全校教学质量监控大数据平台，有利于引导学生全面、主动、有针对性地学习，促进教师的快速成长，提高学校的整体教学质量[21]。教学质量大数据监测系统包括对教师、学生、教学资源使用、课程开展、课堂互动以及师生出勤等情况进行监控、统计，并生成横向纵向的数据分析结果，从而为开展教学督导、评教评学、大数据教学等一系列的教学活动提供依据。

监测系统支持查看全校师资配置、院系师资队伍、教师承担教学情况、教师所授课班级情况、教师排名以及教师出勤情况等；支持查看学生学习成绩统计报告、学生排名情况、学生学情分析报告、学生出勤情况以及学生升学率等；支持查看教学资源下载情况、教学资源排行、课堂互动情况以及教学资源更新情况等；支持教学管理者查看今日教学情况、教室使用情况，以及通过监测系统进行网络巡课，对教学过程进行实时督导。

1.3.2.3　高校教学生态圈打造

本节主要介绍了教学课堂环境的构建。高校中课堂环境主要分两类：教学保障基础设施及教学软件平台。

如图 1-21 所示，教学保障基础设施包含了多媒体教室、录播教室、智慧教室等，在此基础上，我们进行教学软件平台的搭建，如线上教学资源中心、课堂中使用的教学互动系统、教学质量大数据监测系统以及各类数据展示和分析的学情分析系统等。

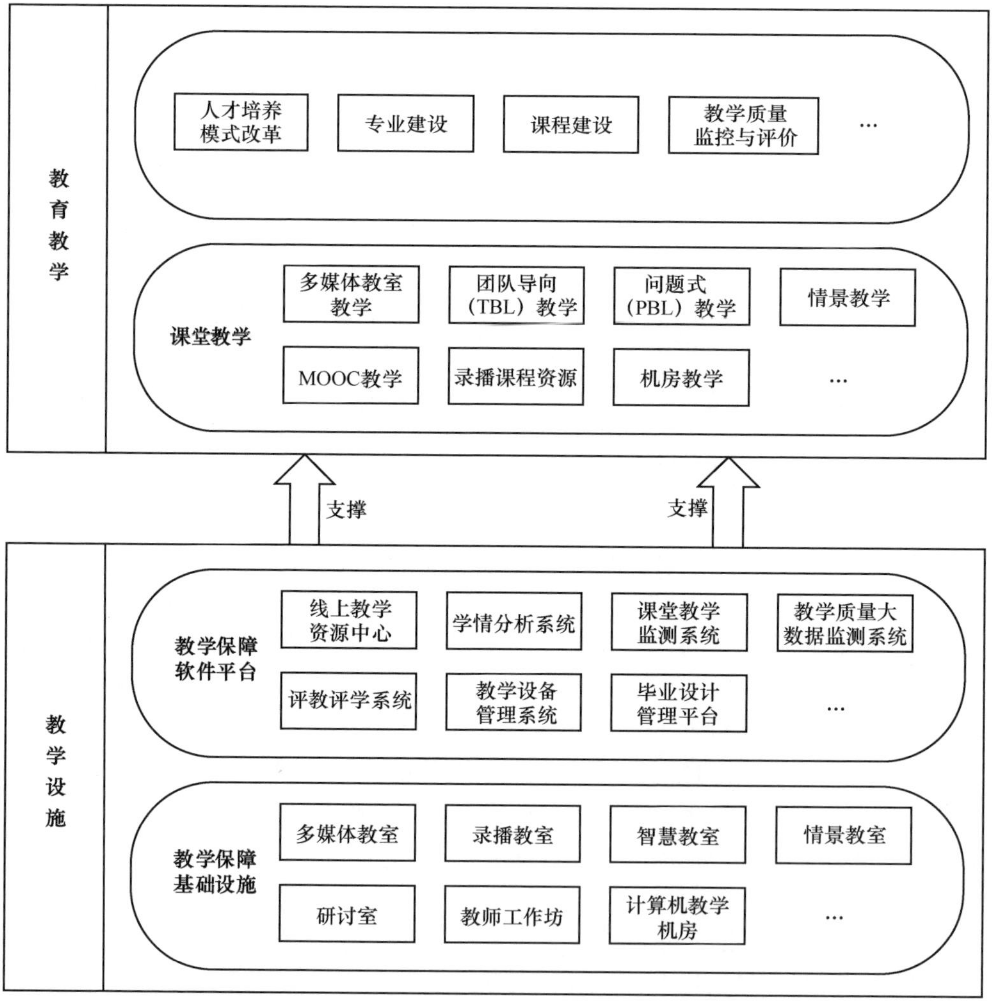

图 1-21　教学设施在教育教学中的关系图

仅仅完成教学保障基础设施和教学软件平台的搭建还远远不够，高校还应同步加强人才培养模式、专业建设、课程建设的改革，加大以学为中心的启发式教授、互动式交流、探究式讨论等教学活动的示范引领，全方位打造适宜智慧教学的生态圈，只有这样才能充分发挥智慧教学的优势，助力一流本科教育和一流人才的培养，全面深化教育教学改革。

1.3.3　高校教学设施运维保障及管理模式

随着国家教育的发展，国民知识文化水平的提高，人们对教育行业的关注度也逐渐增加。高校教学设施建设正在飞速发展，不断优化教学设施运维保障及管理模式，将更加有利于服务优质教学。

1.3.3.1　传统教学设备运维保障

在早期的学校教室中，黑板是最重要、最核心的知识传授工具。老师通过黑板将复杂的知识结构体系逐级分解，灌输给学生。黑板在老师和学生的沟通中发挥了重要作用。随着信息时代的飞速发展，多媒体教室已成为必不可少的教学工具[22]。老师利用多媒体教学设备进行课堂教学已经成为一种普遍的发展趋势。现有的多媒体教室的教学设备主要包括投影机、投影幕布、中控、机柜、音箱、功放、计算机等，利用多媒体教室中现代化设备能够实现教学、学术交流和讲座等教学活动。高校多媒体教室的发展已有一定的历史，早期传统的多媒体教室存在一些弊端，主要包括以下几个方面。

A　教学设备对教室环境要求高

传统多媒体教室的投影机在日常教学中对环境光线有着较高的要求。在师生正常上课期间，应保证门窗关闭、灯光关闭等，否则将影响学生对投影幕布的观看效果。

B　教学设备布线复杂，维修成本高

传统多媒体教室包含的设备种类繁多，每种设备又具有不同型号的线路输入与输出[23]。繁杂的线路使得设备故障率极高，给后期的运维带来了极大的技术难度和高额的维护成本。其中，投影机所占维修费用最大。投影机灯泡的使用寿命理论上在3000小时左右，而在多媒体教室的实际使用中，投影灯泡的使用寿命为1500~2000小时，极大程度地增加了维护成本。

C　教学设备的安置存在安全隐患

早期的多媒体教室设备众多且烦琐，线路裸露的现象较为普遍。众多的多媒体设备均安置在讲台附近，而此处通常是学生活动较为密集的场所。设备安置在此处既增加了设备的损坏概率，线路破损后也存在漏电风险，对师生造成危害。

D　教学设备的管理、使用方式原始

早期的多媒体设备由教学运行保障部门教师采用钥匙的方式统一管理。师生借用某个教室的多媒体设备，只能通过钥匙进行设备开启，给教学运行带来了极大的不便。同时，在早期的多媒体教室中，教师针对每件教学设备只能采用单独开关的方式，包括投影、幕布、计算机、中控等，极大程度地延缓了课堂效率。

1.3.3.2 网络教学设备运维保障

网络教学设备架构的出现较好地解决了传统教学设备架构所带来的系列问题。技术人员通过远程服务器端，直接操纵中控设备，实现了多媒体教室所有设备的远程操作。图 1-22 展示了网络中控管理下多媒体教室的分布图。

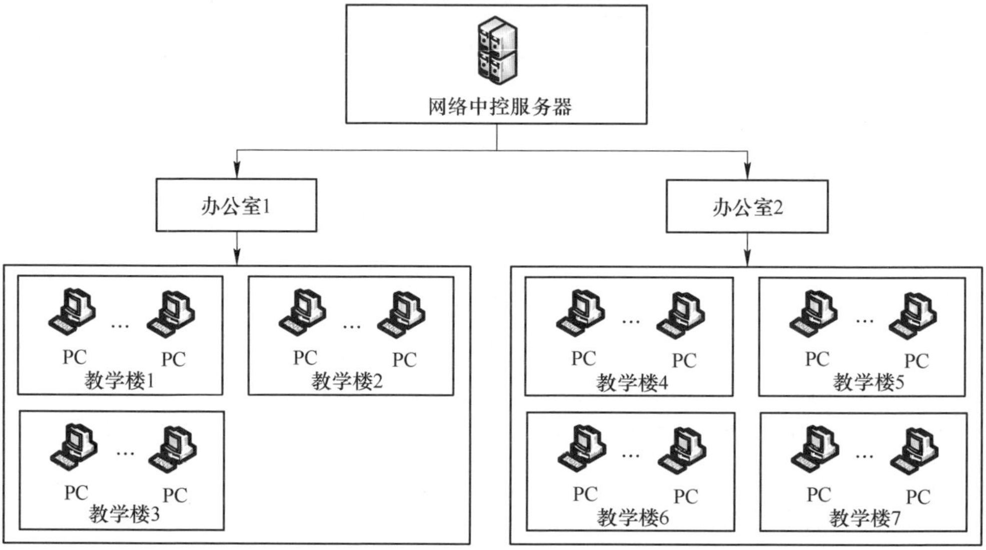

图 1-22 多媒体教室分布图

单个多媒体教室中设备管理的枢纽为中控系统。中控系统可联动控制机柜、电子锁、投影仪、幕布、计算机及功放等设备；在音频方面，教师使用的无线话筒可通过红外接收器、音频转换器等设备进行音频信号传输，最终通过功放、音箱播放；计算机的音频也可通过中控设备传输到功放、音箱以输出音频。在网络信号传输方面，通过交换机传出的网络信号可传输到外接笔记本面板、IP 电话、中控、计算机等设备，以保证多媒体设备具有稳定的网络信号。图 1-23 展示了单个多媒体教室网络教学设备分布示意图。

1.3.3.3 云桌面教学设备运维保障

传统计算机的众多缺点由“终端分散化”所引起，为了降低高校的运维成本，提升信息安全管理水平，“云端集中化”模式应运而生，通过云桌面技术将办公桌面集中部署在服务器上，使得不同设备之间可以任意进行访问，实现业务数据集中化、桌面维护简单化[24]。

根据高校多媒体教室和公共机房的特性，高校可以分别采用 VOI 和 VDI 架

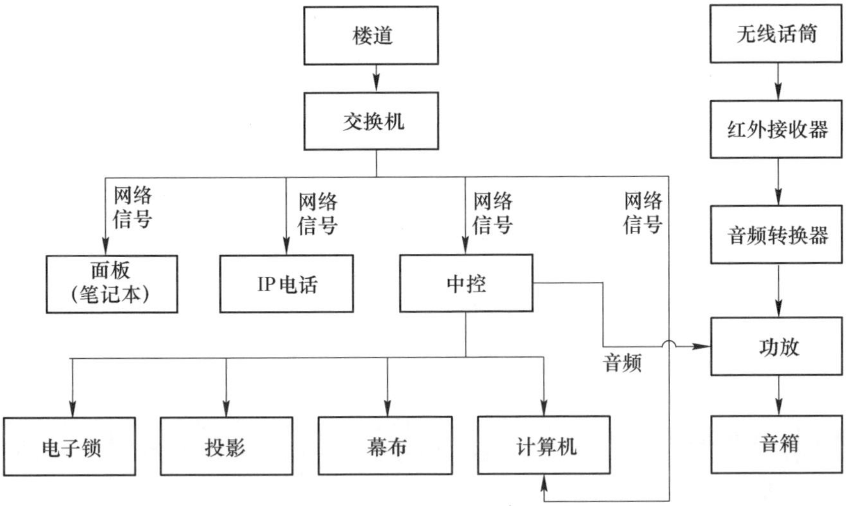

图 1-23 单个多媒体教室网络教学设备分布示意图

构模式进行计算机桌面管理，通过运用“教育桌面云”管理软件平台进行管理。本节以噢易云桌面为实例，详细介绍云桌面在多媒体教室的管理方式。

在管理平台的“概要”栏目中，展示了 VOI 和 VDI 所使用的终端数及所占比例，展示了桌面、场景、模板的个数及对应的条形、饼状统计图。同时，管理平台也展示了服务器端 CPU、存储、内存的使用情况。如图 1-24 所示，图 1-24（a）展示了教室、终端数的统计情况；图 1-24（b）展示了云桌面使用情况的条形统计图形式；图 1-24（c）展示了 CPU 的使用情况；图 1-24（d）展示了内存的消耗情况。

(a)

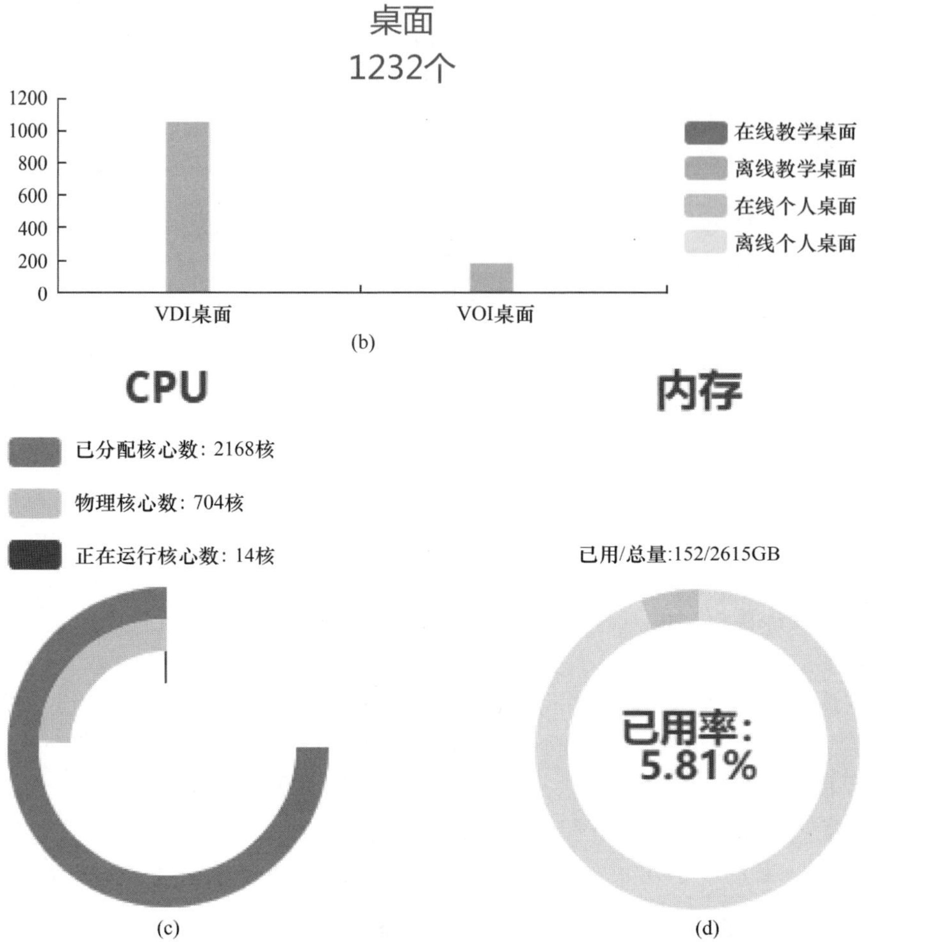

图 1-24　云桌面管理平台概要界面

下面，我们将详细介绍 VOI、VDI 和 IDV 三种架构的区别。

A　VOI 系统架构

虚拟系统架构（VOI，Virtual OS Infrastructure）由服务器来管理操作系统镜像，并下发给终端，计算任务完全由终端承担，服务器只负责镜像管理、镜像上传下载，以及终端的管理工作。VOI 省掉了本地虚拟化这一层，操作系统直接工作在硬件上。VOI 架构示意图如图 1-25 所示。

VOI 架构模式的特性表现为集中管理、分散计算。高校多媒体教室因分散在不同楼宇，网络环境较差，适合于基于 VOI 架构的云桌面进行管理。VOI 架构需要搭建服务器机房，机房按照数据中心标准配置：电源、网络、机架、精密空调及 UPS 等。例如在某一高校，搭建了云桌面服务器机房，“胖终端”（可单独使用）一方即为涵盖 7 栋教学楼区域的多媒体教室计算机。这些区域的计算机既有

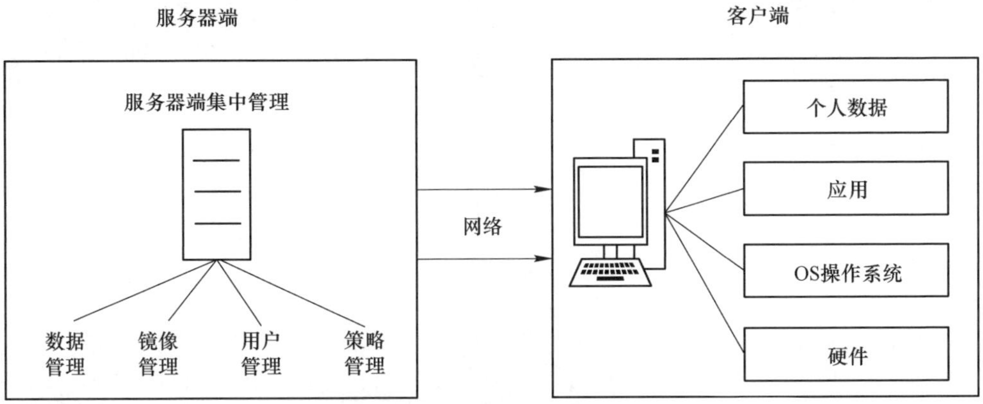

图 1-25 VOI 架构示意图

本地系统，又能够高效地被 VOI 架构所管理起来，实现了多媒体教室信息化发展。多媒体教室的 VOI 架构示意图如图 1-26 所示。

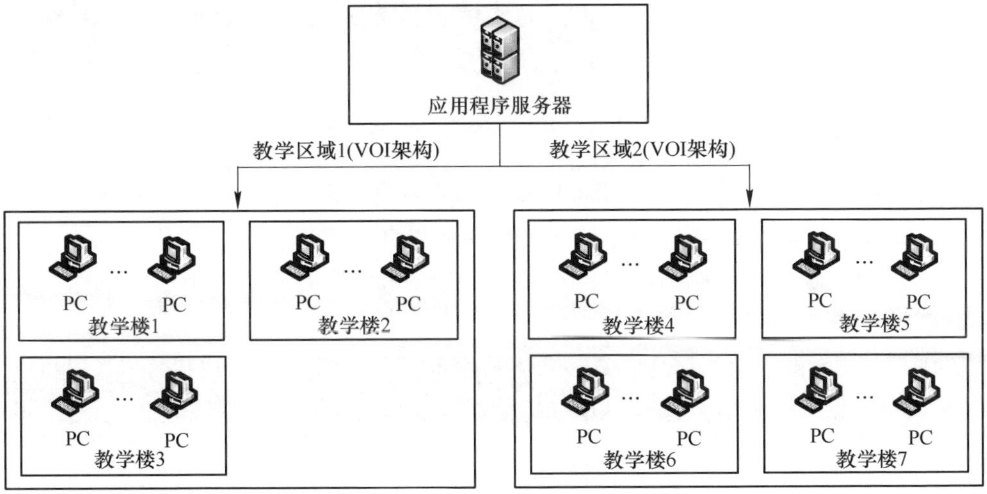

图 1-26 基于多媒体教室的 VOI 架构示意图

多媒体教室区域选择 VOI 架构技术主要原因为多媒体教室区域计算机分散，导致网络信号差异大。由于多媒体教室计算机分布在学校的各个区域，在服务器端到“胖终端”的数据传输过程中，数据跨越了大量的交换机和路由器，网络信号有不同程度的损失，造成“胖终端”使用体验不佳。

在云桌面管理平台的“模板→教学模板”栏目下，展示了 VOI 架构下所构建的不同品牌和型号的多媒体教室计算机教学模板，模板可新增、编辑、删除。图 1-27 展示了 VOI 架构下云桌面管理平台的教学模板界面。

图 1-27 VOI 架构下云桌面管理平台的教学模板界面

在云桌面管理平台的“桌面→教学桌面”栏目下，展示了 VOI 架构下所构建的不同型号计算机的场景使用情况，包括场景名、所属教室、是否激活、在线桌面数、桌面模板、还原属性等特征。图 1-28 展示了 VOI 架构下云桌面管理平台的教学桌面界面。

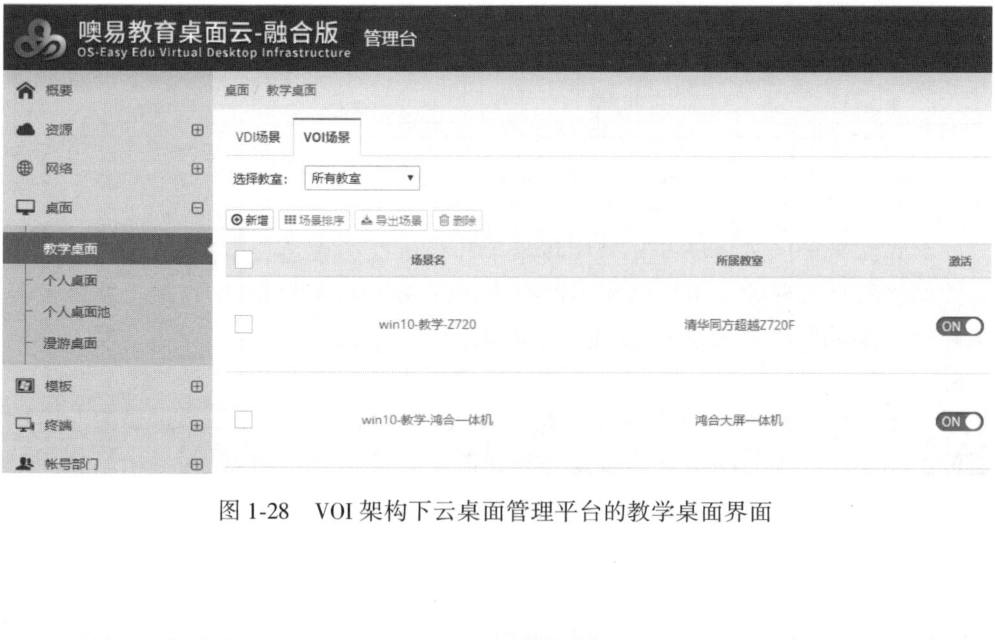

图 1-28 VOI 架构下云桌面管理平台的教学桌面界面

B VDI 系统架构

桌面虚拟化（VDI，Virtual Desktop Infrastructure，即虚拟桌面基础架构）是指将计算机的终端系统（也称作桌面）进行虚拟化，以达到桌面使用的安全性和灵活性。任何设备在任何时间、地点通过网络均可访问属于个人的桌面系统[25]。VDI 架构示意图如图 1-29 所示。

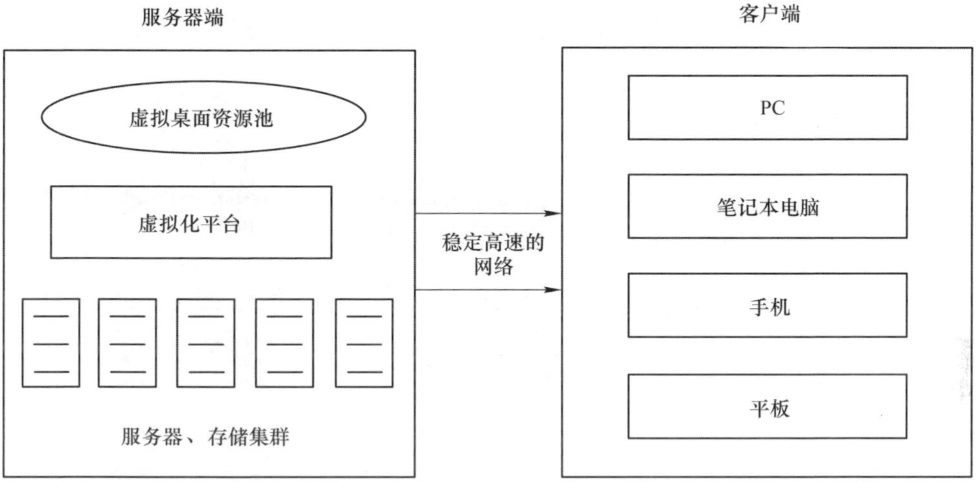

图 1-29 VDI 架构示意图

与 VOI 架构模式的特性不同，VDI 架构模式的特性表现为集中管理、集中计算。以某高校为例，教学公共机房采用的管理模式为基于 VDI 架构的云桌面管理方案。其中，教学公共机房主要分布在教学楼区域的 3~5 楼，共 9 间。VDI 架构的服务器搭建在该区域的服务器机房，且服务器机房的位置和公共机房的位置十分临近。公共机房的计算机终端采用的是“瘦客户端”（与服务器配合使用），本地有性能较差的硬件设备搭建了本地系统，能够满足日常常规教学，以备网络或是服务器故障时临时使用。教学公共机房的 VDI 架构示意图如图 1-30 所示。

教学公共机房选择 VDI 架构技术主要原因包括：（1）机房的网络传输方式为光纤传输，光纤传输效果明显优于多媒体教室区域的网线传输。（2）公共机房区域的服务器端和“瘦客户端”之间距离小，跨越的路由器、交换机数量少。数据跨越的路由器、交换机数量少，降低了数据传输过程中的丢包概率，增强了用户的体验感。

在云桌面管理平台的“模板→教学模板”栏目下，展示了 VDI 架构下所构建的不同品牌和型号的教学公共机房计算机教学模板，模板包括教学模板、计算机等级考试模板、英语教学模板等，模板可新增、编辑、删除。

在云桌面管理平台的“桌面→教学桌面”栏目下，展示了 VDI 架构下公共

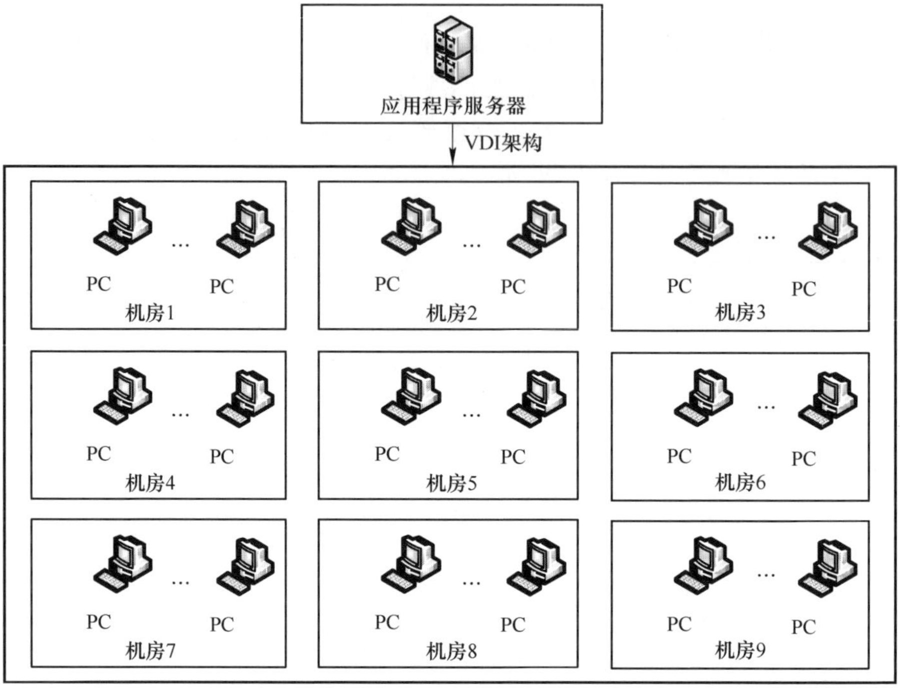

图 1-30　教学公共机房的 VDI 架构示意图

机房所构建的不同型号计算机的场景使用情况，其教学桌面场景属性与 VOI 架构下属性几乎一致。

C　IDV 系统架构

IDV（Intelligent Desktop Virtualization）系统架构是一种基于服务器的计算模型，它借用了传统的"瘦客户端"模型，让管理员与用户能够同时获得前两种方式的优点：将所有桌面虚拟机在数据中心进行托管并统一管理；同时用户能够获得完整 PC 机的使用体验，即用户可以通过"瘦客户端"，或者类似的设备在局域网或者远程访问获得与传统 PC 机一致的用户体验。

IDV 操作系统和软件在后台服务器的虚拟机上安装，并将虚拟机文件统一下发到终端，并运行于终端（将虚拟化搬到了本地终端上），服务器不承担计算任务。IDV 架构示意图如图 1-31 所示。

D　三种架构区别

VOI 架构中大部分功能在客户端实现，对服务器的处理要求相对较低。终端往往具有自己的本地系统。因此，采用的模式通常为服务器/"胖客户机"模式。VOI 架构具有集中管理、本地运算，单镜像异构桌面交付的优势，具有较好的兼容性和稳定性。其灵活的管理模式可保留系统任意状态，且可及时还原。它可向客户端提供多系统多应用环境，具有安装简易、维护方便、应用灵活等特性。

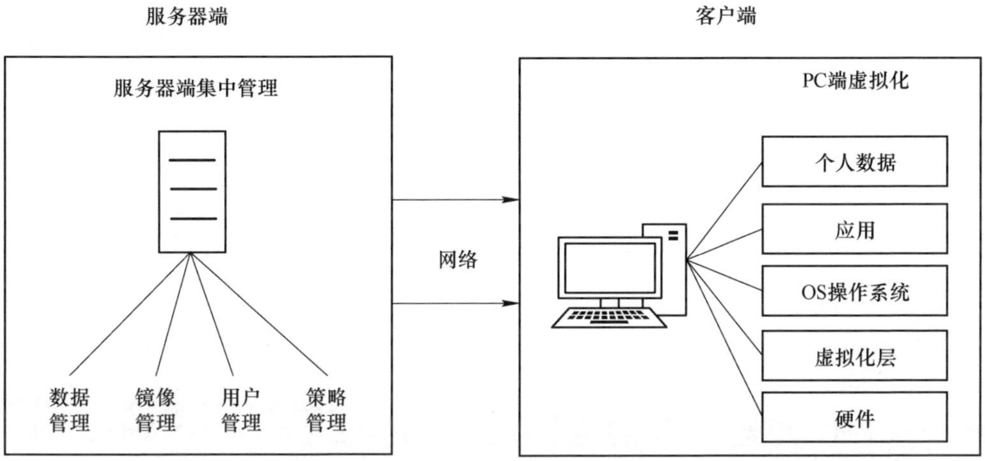

图 1-31　IDV 架构示意图

VDI 架构的大部分功能在服务器端实现，服务器端更多地负责对客户端进行管理。因此，采用的模式通常为服务器/“瘦客户机” 模式。VDI 架构的工作原理是先在云服务器上安装虚拟化平台，其次在虚拟化平台上集中安装相关的虚拟机系统，再通过 VDI 技术将虚拟机系统的桌面进行压缩后，并依赖网络传输到云终端上解码显示。

IDV 架构的工作原理是在终端本地安装相关的虚拟机系统，然后再通过服务器进行集中管理。它最大的特点是每一个客户端都有自己独立的系统桌面。

VOI、VDI、IDV 三种云桌面技术架构在功能使用上有所区别。构建场景的需求不同，选择的架构模式就有所不同。常见的区别如表 1-3 所示。

表 1-3　三种云桌面架构区别

特　性	云桌面技术		
	VOI	VDI	IDV
桌面体验	与 PC 一致	与 PC 一致	较好
对 3D 支持	根据客户端配置	与 PC 一致	根据客户端配置
对外设支持	与 PC 一致	与 PC 一致	较好，依赖 VT-d 技术
对网络依赖性	断网可用	断网不可用	断网可用
旧 PC 利用	支持，但要考虑硬件兼容问题	支持，但兼容性问题严重	部分支持，但存在兼容问题
造价成本	服务器投入低 云终端投入高	服务器投入高 云终端投入低	服务器投入低 云终端投入高

续表 1-3

特 性	云桌面技术		
	VOI	VDI	IDV
存储依赖	数据可存在终端本地，也可存在服务器	数据完全存放在服务器端	数据可存在终端本地，也可存在服务器
桌面运算处理	靠云终端本地运算处理	全靠服务器运算处理	靠云终端本地运算处理

E 云桌面不同架构应用场景

不同的云桌面技术架构导致应用的场景各不相同。VOI 架构善于利用旧的、高性能的电脑进行部署，适用于对 3D 应用和视频要求高、外设复杂、网络较差的场景；VDI 架构适用于移动办公、软件外包开发等无 3D 高清、无复杂外设、网络稳定的场景，VDI 自身具有一定的局限性，单一部署 VDI 方案对网络和服务器的质量要求高，对带宽的要求也比较高，同时很大概率会存在启动风暴，对应用和硬件外设的兼容性不是很好，对高清的大型程序的显示效果也很一般；IDV 架构主要适用于办公、教学、开发、小型 3D 等较复杂的场景，适用于需要支持高清应用的办公场景，效果优于 VDI。IDV 的软硬件兼容性比较高，也可支持早期的操作系统。而它的局限性在于不支持移动办公，安全性不高，不适合对数据安全要求高的办公场景。

1.3.3.4 高校教学设施管理模式

高校教学设施的运维场所包含多媒体教室、公共及专业机房、录播教室、智慧教室、教学服务器机房以及 UPS 机房等，涉及网络、电力、设备设施、系统数据等方面的运行维护与管理。如何避免、减少因教学设施故障影响课堂教学秩序是运维保障关注的重点。不断优化运维模式，提高专业人员技术水平，给师生提供无感知的保障服务，将更有利于教学的高效进行。由于多媒体教室及机房保障工作的综合性，许多工作需跨部门合作；积极打通各部门之间的沟通障碍，避免相互推诿，建立部门之间的有效合作渠道，将有利于提高教学场所运维保障效率。

多媒体设备故障率与使用年限有较大的关系，设备在使用 6 年左右以后，故障率会明显偏高，性能等也出现明显的下降。高校应对多媒体设备建立定期更换机制，以保证设备运行正常。机房的计算机使用年限可以达到 7~10 年，在条件允许的情况下，可以考虑在 7 年左右更新计算机设备，保持较好的使用体验。

在日常工作中，运维人员要根据以往的经验有针对性地进行运维管理，对出现的顽固故障要坚决彻底处理。值班人员不能处理的，交由技术人员或维保公司人员进行专项检修；多次出现的故障要及时记录并探讨故障的原因，为运维管理留下经验。预防故障比当场处理故障更重要，除了被动地接报修电话，运维人员要定期对多媒体教室进行检修，争取提前发现故障并进行处理，避免课间出现故障，影响教师授课。多媒体教室故障有一定的规律，同批次购买的计算机可能出现同样的开机启动慢的情况；同批次维护的投影机可能在相近的时间点出现需要深度清洗的报警；投影仪在使用 2 年左右需要更换灯泡和光路。所以，运维人员要记录好多媒体教室的故障，对近期及以往的故障进行汇总分析，有针对性地预防可能出现的故障。这样不仅能更好地提供保障服务，还可以减少工作量，提高师生的满意度。

下面，我们对教学设施运维管理模式进行介绍。

A 传统教学设备运维管理模式

高校教学场地数量多、分布广且类型复杂，使得高校教学设备运维难度陡增。传统的教学设备运维基本上都是单点维护，即任一教学设备出现故障，运维管理人员都需要赶到现场进行处理，这样的模式已不能适应现有教学的需要，主要体现在以下几点。

（1）运维管理人员与故障数量的不平衡。由于教学场地位置分散、数量繁多，加之教学设备长时间的使用老化导致故障率增大，单靠运维管理人员到现场处理故障，会导致维修速度无法跟进正常上课进度，影响正常教学。

（2）无法满足批量操作的需求。随着多媒体教学的深入开展，教师对教学软件的需求越来越多，当涉及需要对一批次教室的相关软件进行更新、卸载或安装时，就需要批量操作的支持。

（3）不能支持多种考试配置环境。不同的上机考试需要配置不同的考试环境，如计算机等级考试、计算机实验课程考试以及各类社会机构计算机考试等。传统运维模式只能根据每次的考试需求配置考试环境，需耗费大量的人力及周期才能保障考试的正常开展。

基于以上存在的问题，有必要引入更高效的运维管理模式对教学场地设备进行集中化管理。改变传统运维模式弊端，提高教学运行质量。

B 基于网络运维管理模式

基于网络的运维模式依赖于网络教学设备架构。通过多媒体教室控制系统，可以远程对部分多媒体设备进行操作，能够在很大程度上减轻运维管理人员的工作量。控制系统可查看计算机、投影的运行状态，当计算机、投影在无人使用仍处于待机状态时，可远程关闭计算机、投影，延长其使用寿命。系统可远程打开多媒体机柜电子锁、计算机、投影仪，对计算机、投影仪的联动性进行相关设置，当投影仪、计算机无法正常启动或意外关机时，无须运维人员到达现场即可通过系统启动，在降低运维人员工作量的同时提高了运维效率。

C 基于云桌面的运维管理模式

在网络运维的模式上引入 VOI 和 VDI 架构的云桌面，可以解决传统运维中无法对大批量教学场地及机房软件、系统进行批量操作等弊端，提高软件、系统等方面的运维效率。

（1）多媒体教室计算机配置 VOI 架构的云桌面，当涉及批量操作时，如更新办公软件、教学常规软件及教学专业软件，或是教室需要重装系统等，运维管理人员无须到现场对单台计算机进行操作，可直接通过云桌面管理平台对相应的教学模板进行更新，然后下发到对应教室计算机。这样的管理模式改变了传统的分散、独立的桌面系统环境；实现了软件的集中部署、自动化运维，全面提升了软件运维效率。

（2）计算机机房使用 VDI 架构的云桌面。对于专业机房而言，大多数专业软件对机器配置以及运行环境都有较高的需求，安装专业软件相较于普通软件更为烦琐复杂。通过云桌面管理平台，将软件安装至相应模板进行模板更新，在办公室即可完成，实现软件安装批量化；对于公共机房而言，需支持不同的教学环境（如英文教学、中文教学）及不同考试环境配置（如计算机等级考试、校内各计算机实验课程考试及社会机构考试），利用云桌面建立不同的教学场景以及配置不同的考试环境，根据需要进行教学场景切换以及调用相应的教学模板，从而实现对多样化教学的支持。这能够大幅降低运维的工作量。

D　各教学场地管理

虽然以上基于网络和云桌面的运维模式能够将教学设备进行集中化、自动化、批量化管理，协助运维人员远程处理部分教学设备故障，但是教学设备的运维仍然离不开运维管理人员的现场处理及巡视。建立完善制度能够营造良好的管理环境，提高故障处理速度，降低教学设备故障率，提升教学运行质量。教学相关人员应明确教学运维及管理制度，严格执行制度规定，自觉维护教学设施。下面将介绍多媒体教室、公共及专业机房、服务器机房、UPS 机房的运维管理，以及教学场所综治安全工作。

a　多媒体教室/智慧教室运维管理

多媒体教室/智慧教室需要较长时间的值班，耗费的人力比较大，以高校为例，通常高校教学楼比较分散，拥有多处教室值班办公室，值班人员承担学校上百间多媒体教室的值班及维护任务。每周 7 天均需要安排人员值班，每天值班 15 小时。

在办公室的值班人员要在上课前半小时开启中控平台服务器，开放有课的教室的电子锁，以便任课教师到教室时，可以直接打开多媒体机柜及设备，没有课的教室则不能打开机柜，不能使用多媒体设备。

上课前半小时，在不同的教学楼及区域安排区域值班人员就位，任课教师尽量在上课前发现多媒体故障，这样可以及时报修解决故障，保障教学时间不受影响。值班人员接到电话后需要判断故障能不能在电话里解决，电话里不能解决的故障，及时联系区域值班人员，值班人员不能处理的问题交由技术人员处理，技术人员不能处理的故障及时报告科室长，并通知维保公司尽快处理。影响上课的，可以在征得教师同意后调换教室。

该岗位长时间连续的工作性质需要考虑值班人员的调休方式，可以设置轮班的方式进行值班，根据教学的需求部署值班人数及时间，值班人员每周的平均工作时间和学校里其他的教辅职工相近。

b 公共及专业机房运维管理

公共和专业机房需要值班人员进行日常管理，以及技术人员进行技术管理和维护。

教师到机房上课前，需要到值班办公室排课，由技术人员提前安装好所需要的教学软件。值班人员根据排好的课表在上课前打开机房，检查机房的环境状况，上课过程中要不定期对机房进行巡检，课后由值班人员关闭机房。课程中出现的软硬件故障由技术人员进行处理。

为了规范学生的上网行为，机房采用了上网认证功能。学生在机房免费开放的时候可以自由上机，在自由上机前需进行实名认证。在机房上课的师生应当严格遵守计算机机房管理制度。

c 服务器机房运维管理

教学服务器机房内有核心交换机、服务器和存储等设备。教学保障技术人员要对软件系统、硬件设备和机房环境进行定时巡检，巡检内容包括软件系统的运行状态、硬件设备运行日志、机房内的环境温度和湿度、场所内有无外观、气味及响动异常等。发现故障后要及时处理，并通报相关负责人。服务器机房的设备和系统比较复杂，牵扯的终端比较多，处理故障的人员在不清楚故障时要保持与技术人员、负责人及公司技术人员之间的联系，避免误操作。

d UPS 机房运维管理

UPS 机房为服务器、核心交换机、云桌面存储等重要设备提供不间断电源。机房内有 UPS 电源控制器、UPS 电池组、电源线路、空调、排气扇、灭火器、温度计等。教学运行保障技术人员进行定期巡检，巡检内容包括 UPS 控制器的运行状态、UPS 的输出电压和功率、UPS 电池组的工作状态、UPS 电池组有无出现发烫等异常情况，室内的温度和湿度情况，排气扇的工作状态。此外，UPS 电池组在工作时会释放出氢气，需要通过排气扇及时排出室内的气体，避免氢气的堆积。

值班人员及机房管理员要严格遵守 UPS 机房管理制度，做好安全管理措施，保障 UPS 的正常运行。

e 教学场所综治安全工作

教学运行保障所管理的机房与多媒体教室等存在较多的强电线路等设施，面向全校师生，需要重视教学场所的人员和设备的安全。

对于机房，在使用计算机机房后，应及时由机房管理人员检查机房的环境状况，需要注意机房内有无漏水等情况，漏水可能导致机房短路。在检查好机房后，要关闭好机房的总电源及窗户等。

多媒体教室在下课后，教师关闭好机柜等，机柜的关闭会触发多媒体设备的关闭。值班人员每晚应对每间多媒体教室进行检查，保障所有多媒体教室及设备正常关闭。每周区域负责人要对多媒体设备进行检查，有故障及隐患要及时报告并进行维修。

教学服务器机房、UPS 机房等由技术人员等进行检查，每周检查 3 次以上，其他人员进入该机房需要技术人员陪同。

综治安全工作要形成制度、形成重点、形成习惯，在平时做好安全工作的基础上，也要做好相关的防范措施，制定相关的应急处理办法。

1.4 信息安全系统构建

当今社会，由于信息技术的迅速发展，信息作为一种具有普遍性、共享性、增值性和多功能性的优质资源，它对于人类具有特别重要的意义。随着通信技术的快速发展和传播，互联网对成千上万的家庭开放，计算机信息的应用和交流变得越来越广泛和深入，然而互联网中的信息或信息系统往往容易受到各种威胁、干扰和破坏，计算机和信息安全问题已逐渐成为阻碍信息化发展的关键，也是当前我们亟须解决的一个安全领域难题。因此，为了满足时代发展的客观要求和保证国家及个人财产安全，我们需要进一步加强计算机信息安全研究，并努力营造一个风清气正的网络和信息系统安全环境。

1.4.1 信息安全系统概述

1.4.1.1 信息安全的含义

ISO/IEC TR 13335 中给出的信息（Information）解释是：信息是通过在数据上施加某些约定而授予这些数据特殊意义。

信息安全技术的发展经历了以下 3 个重要阶段，由最初 20 世纪 60 年代到 70 年代以密码为主要研究内容的通信保密阶段，到 20 世纪 80 年代到 90 年代计算机系统安全阶段，再到 20 世纪 90 年代以来以立体防御、深度防御为核心思想的信息安全保障阶段。信息安全的实质就是要保护信息资源免受各类威胁，防止信息资源在未授权的情形下被随意地更改、泄露甚至破坏，同时确保信息的可靠性、可用性、保密性以及完整性。

信息安全主要涉及软件安全和数据安全两个方面，其中软件安全是指防止软件被非法拷贝、篡改或执行等；数据安全主要是指保护好计算机中的数据信息，防止数据被非法获取、更改、删除等。

信息安全的含义主要包含以下 6 个方面[26]。

(1) 信息的可靠性

信息的可靠性是指网络信息系统可以在指定的条件下，在指定的时间内完成特定的功能。可靠性是对系统安全的最基本要求，同时也是所有网络信息系统设计和运行的目标。

(2) 信息的可用性

信息的可用性是指网络信息能够被授权实体正常访问，并可应要求进行分配和使用。也就是说，当网络服务需要使用信息时，允许获得授权的用户或实体使用它，或者当网络的某一部分受到损坏时，它仍然能够为获得授权的用户提供有效的服务。可用性能够为用户使用网络信息系统提供安全保障。

(3) 信息的保密性

信息的保密性是指网络信息不向未经授权的用户、实体或过程泄露或提供服务。这一特性旨在防止向未获授权的个人或实体泄露信息，只为授权用户提供相关信息服务。保密性是保障网络信息可靠性和可用性的重要手段。

(4) 信息的完整性

信息的完整性是指网络信息未经许可而无法改变的特点，防止信息在存储或传输过程中被非法修改或删除等，从而保证用户收到的信息是初始的状态，也就是说，信息能够正确地生成、存储和传输主要通过完整性来实现。

(5) 信息的不可抵赖性

信息的不可抵赖性，也称作不可否认性。用于确保网络信息交互过程中参与者的真实身份。换句话说，所有参与者都不能抵赖和否认自己的行动和参与，可以通过信息源证据来确认信息发送方身份，并借助提交接收证据验证信息接收方的身份信息。

(6) 信息的可控性

信息的可控性是指能够有效地控制信息的内容和传播过程。

除此之外，信息安全还包括鉴别、审计追踪、身份认证、授权和访问控制、安全协议、密钥管理、可靠性等诸多方面。

1.4.1.2 信息安全系统的概念

信息安全系统是基于 OSI 网络模型，通过安全机制和安全服务实现信息安全的系统。安全机制能够提供一些安全服务，利用多种安全技术和技能，构建一个相对完善的结构体系。安全服务的目的是为信息系统提供各个网络层面的安全技术支持。网络模型、安全机制、安全服务应用到一起能够产生信息系统需要的安全空间，基于 OSI 网络模型的信息安全系统的体系结构主要包括以下 5 类安全服务和 8 类安全机制。

5 类安全服务具体是指认证服务、访问控制服务、数据保密性服务、数据完整性服务和抗抵赖性服务[27]。

（1）认证服务：用于验证通信双方身份和加强信息来源鉴定。

（2）访问控制服务：防止未经授权的用户非法使用系统资源，主要包括用户认证和使用者授权确认。

（3）数据保密性服务：目的是阻止网络之间交换的数据被拦截或非法共享造成信息泄露，这就要求对信息数据提供秘密性保护。

（4）数据完整性服务：它被用来阻止非法实体修改、插入和删除交换的数据，以及在数据交换过程中的丢失数据。

（5）抗抵赖性服务：用于防止数据发送方对自己的发送行为以及接收方对自己的接收操作进行否认和抵赖。

8 类安全机制是指加密机制、数据签名机制、访问控制机制、数据完整性机制、认证机制、业务流填充机制、路由控制机制、公正机制[28]。

（1）加密机制：用于保证数据安全的基本方法，不同加密方法的使用分别对应 OSI 安全体系结构中不同的层次和加密对象。

（2）数字签名机制：用于保证数据真实性的基本方法，数字签字技术可用于验证用户的身份和信息，有效解决发送者和接收者之间的纠纷。

（3）访问控制机制：访问控制是根据已制定的规则来判断主体对客体的访问是否被允许，对主体的非法访问操作给予警告并在日志中进行记录。

（4）数据完整性机制：数据传输过程中受到的信道干扰、非法用户的入侵、病毒感染等都可能导致数据完整性的损坏，我们可以通过查错控制和纠错编码来降低信道干扰，借助认证技术阻止非法用户的攻击，使用杀毒或病毒检测等方式进行病毒的防治。

（5）认证机制：目前认证通常被应用于用户认证、消息认证、站点认证以及进程认证等领域，而常用的认证技术包括口令、共享密钥、数字签名、生物特征等。

（6）业务流填充机制：通过在网络的关键节点之间持续传输一些随机数据，可以有效地迷惑攻击者，避免网络中一些针对信息流量和流向分析的攻击。

（7）路由控制机制：路由控制机制的实质就是为信息发送者选择一条相对安全的传输路径，保证信息传输中的数据安全及不被丢失。

（8）公证机制：网络中信息的丢失和延迟可能是由于设备故障或其他技术原因导致的，这时公证机制可以有效地为用户之间的纠纷提供仲裁，目前公证机制中最常用的一种技术是数字签名。

根据以上的需求分析，我们认为一个相对完善的信息系统应该实现下列安全目标：保护信息系统的可用性，确保信息系统服务的连续性，防止网络资源的非法和非授权访问，防范攻击者的恶意破坏和攻击，保障信息传输中的机密性和完整性，防范病毒的侵害，以及实现网络的安全管理等。

1.4.2 信息安全系统的构成

就信息安全领域而言，人们对信息安全系统的体系结构还没有完全统一的认识，目前被大多数人接受的信息安全系统体系的广义说法为：信息安全系统体系结构是以保障组织（包含信息系统）的工作使命为目标，而建立的一套体现安全策略的有关技术体系、组织体系和管理体系的资源集成和配置方案。常用于指导安全系统工程的实践，通过对系统全生命周期的管理和维护，保障组织信息的可用性、保密性、完整性以及其他安全需求。

一般情况下认为，信息系统组件、物理环境安全、运行安全、数据安全、内容安全、应用安全、管理安全和信息资产安全等共同构成了信息安全系统体系。它是一个多维、时变的非线性复杂系统，最终安全目标是控制信息系统的总体风险，使风险趋于稳定并达到最小。

总之，信息安全系统体系结构的建立需要在特定的视觉角度下进行分析归纳，依据不同的视觉角度会形成不同的信息安全系统体系结构。

1.4.2.1 面向目标的知识体系结构

确保信息与信息系统的可用性、机密性和完整性是信息安全保障的3个主要目标，也就是常说的CIA三元组。围绕这3个基本目标逐步展开，可以完成对信息安全知识领域的涵盖[29]。

图1-32详细地罗列了围绕信息安全可用性、机密性和完整性的知识体系结构，密码学是这3个信息安全目标的共同基础，我们对众多信息安全技术的研究也都是基于信息安全的这3个基本目标，这些技术之间并非完全无相关的，有些技术与知识是相互交叉的。

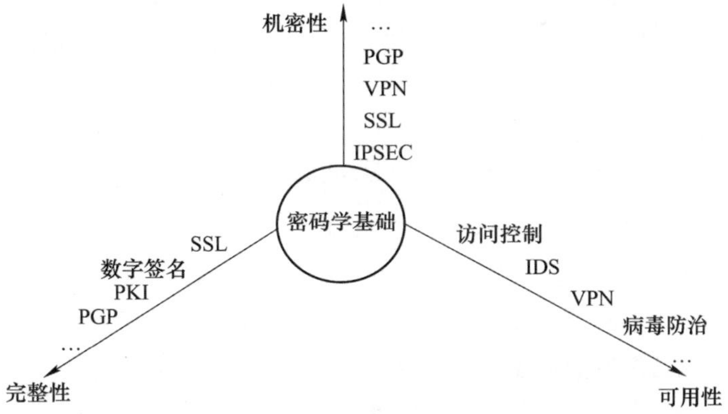

图1-32 面向目标的知识体系结构

1.4.2.2 面向应用的层次型技术体系结构

人员、信息与系统是信息安全系统的 3 个基本要素，信息安全系统的 3 个组成部分如图 1-33 所示。

图 1-33 面向应用的层次型信息安全体系结构

针对这 3 个部分，共有 5 个层次的安全问题，分别为针对系统部分的物理安全与运行安全，针对信息部分的数据安全和内容安全，以及针对人员部分的管理安全[30]。这 5 个层次之间存在着一定的顺序关系，每个层次的安全均为上面的层次提供安全保证。也就是说，没有下层的安全，上层的安全无从谈起。而每个层次的安全均依赖相应的安全技术措施来提供保障，这些安全技术措施从多角度、全方位保证整个信息系统的立体安全。

A 物理安全

物理安全是信息系统安全的基础，主要涉及对信息系统中物理装备的保护，比如对环境、设备与介质的保护。物理安全所涉及的安全技术主要包括灾难防范、电磁泄漏防范、故障防范以及接入防范。其中灾难防范包括对火灾、水灾、地震、防盗、防雷击、防静电等灾难事故的防范；电磁泄漏防范主要包括加扰处理、电磁屏障等；故障防范涵盖容错、容灾、备份和生存型技术等内容；接入防范是指为了防止通信线路非法的直接接入或无线信号的插入所采取的相关技术以及物理隔离等。

B 运行安全

针对信息系统的运行过程和运行状态的安全防护称为运行安全，它涵盖了网络及信息系统多个特性，包括可用性、可靠性、可控性等。确保信息系统运行安全的主要安全技术包括身份认证、访问控制、防火墙、入侵检测、恶意代码防治、容侵技术、动态隔离取证技术、安全审计、预警技术、反制技术以及操作系统安全等，内容繁杂并且各类技术都在不断地变化和发展。

C 数据安全

在进行数据的收集、处理、存储、检索、传输、交换、显示或扩散等过程中提供的保护被称为数据安全，确保数据不被非授权用户窃取、修改和删除。常见的数据安全的保障技术主要有密码、认证、鉴别、完整性验证、数字签名、PKI、安全传输协议及 VPN 技术等。

D 内容安全

内容安全是指依据信息的具体内涵判断其是否违反特定安全策略，并采取相应的安全措施，从而实现对信息的可用性、机密性、真实性、可控性等方面的安全保护。内容安全主要有两个方面，一是针对合法的信息内容加以安全保护，二是对非法的信息内容实施监管。内容安全的难点在于如何有效地理解信息内容，并甄别信息内容的合法性。针对内容的安全防护技术主要有文本识别、图像识别、音视频识别、隐写术、数字水印和内容过滤等。

目前，互联网中充斥的“网络钓鱼”“信用卡诈骗”“知识产权侵犯”等系列安全威胁，都属于内容安全问题。如果此类问题不被认真对待和处置，往往会导致相当严重的后果，有时甚至会危及社会稳定与国家安全。

E 管理安全

管理安全指通过对人的信息行为的规范和约束，实现对信息的机密性、完整性、可用性以及可控性的保护。时至今日，“在信息安全中，人是第一位的”已经成为普遍接受的理念。在一个信息安全系统中，技术是实现的手段，对人的信息行为的管理是信息安全的关键所在。管理安全主要涉及安全策略、安全法律法规和技术标准、安全学习教育等。

1.4.2.3 面向过程的信息安全保障体系结构

美国国防部曾经提出的“信息安全保障体系”为信息安全系统体系提供了一个完整的设计理念，并很好地诠释了安全保障的内涵。如图 1-34 所示，信息安全保障体系主要包括 4 部分内容，即人们常提到的 PDRR 安全模型[31]。

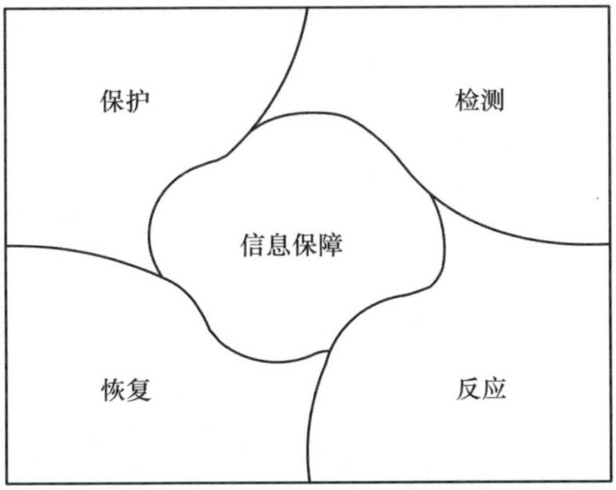

图 1-34 面向过程的信息安全保障体系

A　保护（Protect）

所谓保护，是指采用有效的手段与安全措施，阻止形成攻击可以发生的条件，从而隔断攻击者的入侵操作。但保护是一种被动防御，不可能完全阻止对信息系统的各种攻击行为。主要的安全保护技术包含信息保密、物理安全防护、访问控制、网络安全技术、操作系统安全技术以及病毒防护等。

B　检测（Detect）

检测是指依据相关安全策略，利用有关技术措施，针对可能被攻击者利用的信息系统的脆弱性，定期对系统进行具有一定实时性的检查，根据检查结果形成检测报告。当前常用的检测技术包括脆弱性扫描、入侵检测、恶意代码检测等。

C　反应（React）

反应是指在掌握漏洞威胁和安全事件之后第一时间所做的响应，它的根本原则是力求使系统提供正常的服务，将信息系统受到的损失降到最小。主要的反应技术包括报警、跟踪、阻断、隔离以及反击等相关技术。反击又可分为取证和打击，其中取证是依据法律搜取攻击者的入侵证据，而打击是采取合法手段反制攻击者。

D　恢复（Restore）

恢复是指当危害事件发生后，努力把信息系统恢复到原来的状态或者更优的状态，将危害的损失降到最小。主要的恢复技术包括应急处理、漏洞修补、系统和数据备份、异常恢复以及入侵容忍等。

总之，信息安全系统保障是一个完整的动态过程，而保护、检测、反应和恢复可以看作信息安全保障的 4 个子过程，这 4 个子过程分别在攻击行为的不同阶段为系统安全提供保障，保护是最基本的被动防御措施，也是第一道防线；检测的重要目的之一是针对突破“保护防线”后的入侵行为进行探测预警；而反应是在检测报警后针对入侵采取的控制措施；恢复则是针对攻击入侵带来的破坏进行弥补，也是最后的减灾方法。

1.4.3　信息安全系统的建设

1.4.3.1　信息安全系统建设的技术支撑

A　密码技术

密码技术是确保信息安全的重要手段。密码学是对信息加解密技术和科学的研究总称，它是信息安全领域的重要基础知识之一，很多安全问题的解决依赖于密码技术。

密码编码学和密码分析学是密码学的两个重要组成部分。密码编码学主要研究信息的编码，构建各种安全有效的密码算法和协议，用于信息的加密、认证等方面；密码分析学是用来解密以接收讯息或伪造讯息。

不需要进行解密操作就可以读懂内容的原始信息称为明文，将明文转换为一种无法直接理解或秘密的信息称为密文。由明文到密文的变换过程称为加密，由密文到明文的变换过程称为解密。

根据加密密钥与解密密钥是否一致，密码体制可分为对称密码体制和非对称密码体制。常见的对称密码算法包括 DES、3DES、IDEA、AES 等，典型的公钥密码算法有 RSA、ECC 和 ElGamal 等。

B 密钥管理技术

密钥管理技术是一种使用公钥加密技术的对称密钥管理技术，它可以使管理更加便利和安全，并解决纯对称密钥模式的可靠性和身份识别问题。

(1) 对称密钥管理。对称加密是基于共同保守秘密来实现的，信息接收双方约定使用完全相同的密钥进行信息的加密和解密。

(2) 公开密钥管理/数字证书。数字证书通常应包含证书持有人名称、发行方名称、持有人公共密钥、发行方电子签名、证书有效期及证书序列号等，证书发行者通常被称为证书管理当局（CA），数字证书在电子商务领域是最普遍应用的技术之一。

(3) 密钥管理相关的标准规范。其国际标准规范主要由三部分组成：一是密钥管理框架；二是采用对称技术的机制；三是采用非对称技术的机制。

C 认证技术

随着网络技术的发展，对网络传输过程中信息的保密性提出了更高的要求，这时认证技术就起到了重大作用。认证是指证实被认证对象是否属实和是否有效的一个过程，像口令、数字签名、声音或指纹等生理特征均是目前最常见的认证方式。借助认证技术，可以实现通信双方的身份验证，从而确保通信过程的安全。认证一般可以分为两种：身份认证用于鉴别用户身份；信息认证用于验证信息的完整性和不可抵赖性。

D 鉴别与访问控制技术

鉴别与访问控制也是信息安全领域重要的基础知识之一。信息系统中要想实现安全目标，达到一定的防护水平，必须具备有效的鉴别与访问控制。

鉴别主要是对希望接入信息系统的用户身份进行合法性和真实性鉴别，鉴别通过，即可实现两个实体之间的连接，并为用户请求提供后续的相关服务。

访问控制机制的正确执行依赖于对用户身份的正确识别，确认用户身份后才能有效控制信息资源的机密性、完整性、可用性及进行合法使用。此外，在审计系统中，一般需要明确与某一活动关联的用户身份，因此，标识与鉴别也可以为安全审计服务提供支持。

访问控制技术是信息系统安全的重要功能之一，能够对经过身份鉴别后的合法用户提供所需要的且经过授权的服务，并拒绝合法用户越权的服务请求，同时拒绝非法用户的非授权访问请求，保证用户在系统安全策略下正常工作。

E 恶意代码防范技术

a 恶意代码的预防

恶意代码的预防主要涉及增强安全防范策略与意识、减少漏洞和减轻威胁三个方面的措施。增强安全防范策略与意识是解决恶意软件预防并实施预防性控制的基础，也是减少由于人为错误导致事故的关键。减少漏洞数量可以一定程度上减少一些可能的攻击。实施综合的威胁减轻技术和工具，例如防病毒软件和防火墙，可以有效阻断攻击系统和网络的安全威胁。

b 恶意代码的分析与检测

恶意代码分析是指利用多种分析工具掌握恶意代码样本程序的行为特征，了解其运行方式及安全危害，它是准确检测和清除恶意代码的关键环节。目前，静态分析和动态分析是进行恶意代码分析的两种常用的重要手段。

恶意代码的检测是指收集并分析网络和信息系统中一些关键节点的数据信息，发现其中是否存在违反安全策略的行为以及被攻击的痕迹。恶意代码检测的常用技术有特征码扫描、沙箱技术、行为检测等。

F 入侵检测技术

入侵检测技术是为保证计算机系统的安全而设计和配置的，可以及时报告系统中检测到的非法或不正常现象，也是一种用于识别计算机网络上违反安全策略行为的技术。由硬件和软件共同组成的用于进行入侵检测的整体也就是入侵检测系统（IDS）。入侵检测技术通常可以通过行为、安全协议、审计数据或网络上可获得的其他信息来识别网络中的入侵行为。

实际中，入侵检测可以通过以下方式得以实现：监视、分析用户及系统活动；系统构造和弱点的审计；确认已记录的攻击活动，并向相关当事方通报；异常行为模式的统计分析；评估重要系统和数据文件的完整性；审计和跟踪操作系统行为操作，检查用户是否存在违反安全策略。

1.4.3.2 高校信息安全系统的建设部署

对于高校而言，信息安全系统的建设通常依赖于防火墙、WAF、IPS 防御系统、漏洞扫描系统、日志审计系统、VPN 设备、堡垒机等众多网络安全设备的协同部署和协作，共同实现信息系统的安全保障。图 1-35 为高校信息安全系统建设网络的拓扑图。

A 防火墙

防火墙是目前最常用的网络防护技术，它的防护能力也是显而易见的。针对高校校园网络的安全防护，我们通常可以在校园网出口部署一台 IPS 防火墙，同时在数据中心的应用服务器群前部署一台 WAF 防火墙，这样既可以利用出口防火墙通过策略匹配阻断外部的非法访问，同时又可以借助数据中心防火墙针对协

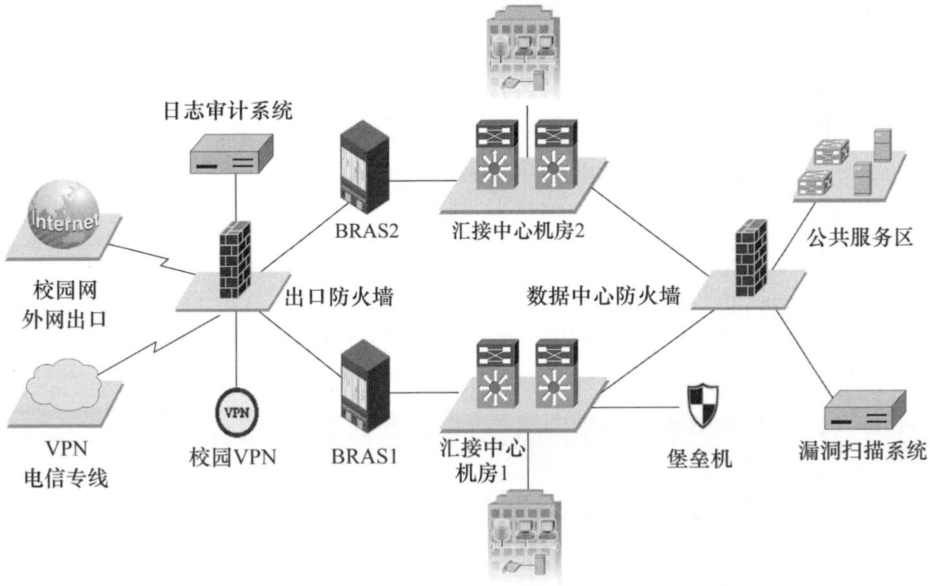

图 1-35 高校信息安全系统建设网络拓扑图

议进行应用层面的精细化访问控制，两类防火墙协调配合常常能够给高校信息系统提供一个比较安全的网络环境。

B 入侵防御系统

入侵防御系统（IPS）是一种主动、智能的入侵检测和预防系统，旨在预先拦截进攻性网络流量或行为，避免造成一些不必要的损失，而不是简单地报警，它一般部署在内部网络连接互联网的接口处。IPS 是一种集入侵检测和防御于一体的安全设备，和 IDS 不同的是，它不但能发现非法的入侵行为，而且能够实时做出合理的响应动作，及时制止入侵行为的进一步扩散和发展，避免了信息系统受到实质性破坏。当前，IPS 防御系统通常作为一个功能模块部署在校园网出口防火墙上，配合防火墙做好内部网络的第一道防护。

C 漏洞扫描系统

与防火墙相比，安全漏洞扫描是保证信息系统安全的一种主动、积极的防御手段，可以提前获知系统存在的安全威胁，并通过积极地整改和修复，能够从根本上降低被黑客攻击的风险。

高校依据学校网站或信息系统等虚拟资产台账，可以定期对全校的虚拟资产进行系统和 Web 漏洞扫描，比如每月开展一次全面的漏洞扫描。通过进一步分析网站和信息系统的漏洞扫描报告，及时掌握它们的运行安全状况，并针对存在高危等级漏洞的网站或信息系统，第一时间关断外网访问并尽快完成相应信息系统的漏洞修复。高校借助这种定期自查自改的方式，可以行之有效地发现和修复网络信息资产的各种漏洞和缺陷，从源头上切断网络安全隐患。

目前高校对信息系统的漏洞扫描工作常用于以下情形：

(1) 定期的网络安全自我检测、评估；

(2) 新系统建设和网络改造前后的安全规划评估和效果检验；

(3) 网络承担重要任务前的安全性测试；

(4) 重大网络安全事件前的准备。

D 日志审计系统

日志审计系统能够对信息系统中各类主机、数据库、应用和设备的安全事件以及系统各类用户的访问行为进行实时采集、实时分析、异常报警、集中存储和事后分析功能，通过日志审计系统，网络运维人员可以实时掌握信息系统的运行状态和情况，及时发现系统异常事件及非法访问行为。

按照《网络安全法》的第二十一条规定，网络运营者有义务对网络运行状态和网络安全事件采取监测与记录，并按照规定留存相关网络日志至少六个月。高校作为网络服务运营的一个实体，必须依法对学校用户的上网行为进行实时监测和审计，一方面通过对网络日志的监测和分析，我们可以掌握校园网络遭受攻击的状况并及时阻断相关攻击事件；另一方面当网络安全事件发生时，能够配合执法部门进行快速有效地追踪溯源，减轻高校在网络安全事件中所承担的责任和遭受的处罚，切实维护高校在信息安全管理方面的合法权益。

E VPN 设备

现实情况中，高校为了保证校园网络的相对安全，关断不必要信息系统的外网访问是一种非常有效的管控手段。当师生用户处于外网环境时，对关断外网的信息系统用户是无法直接访问的，这时我们可以借助 VPN 技术实现对校园网资源的正常访问。

目前常见的 VPN 技术有 L2TP VPN、IPSec VPN 和 SSL VPN，以及近几年比较流行的 Web VPN。前两类 VPN 使用时往往需要用户安装对应的客户端，Web VPN 的优势是使用简单方便，而 SSL VPN 的安全性相对更强。各类 VPN 的原理和功能不尽相同，根据高校自身的业务需求，我们可以选择一种合适或多种合适的 VPN 产品来为学校的信息安全管理工作提供便利。

F 堡垒机

堡垒机是另一种常见的网络安全防护技术，它的基本功能是实现对内部网络设备的安全可靠运维，能够有效减少由于人为操作造成的网络故障或安全事件，并借助堡垒机中的审计功能，可以实现系统功能的快速恢复。

高校在进行网络设备或服务器的运维操作时，必须要求所有技术人员通过堡垒机进行实施，并为不同的管理人员分配相对应的操作权限，严格落实系统权限最小化。内部技术人员通过堡垒机进行运维，可以有效避免由于误操作或误删除导致的各类网络事故，实现相关业务的快速恢复；要求外部技术人员通过堡垒机实施运维操作，学校可以对其操作全过程进行记录和录像，能够对他们的行为进行有效的监督和约束。通过对堡垒机合理使用，高校基本上可以杜绝由于人为因素导致的校园网络和信息系统的不安全性。

1.4.4 高校信息安全系统的管理

1.4.4.1 信息安全系统管理的基本原则

高校中信息安全系统管理的总体原则如下。

(1) 主要领导负责原则：协调信息安全管理工作与各部门工作的关系，确保信息安全保障工作的落实和效果。

(2) 规范定级原则：依据信息系统的功能和重要性依法依规进行分类定级，保障关键性网络基础设施的重点投入和重点防护。

(3) 以人为本原则：人作为信息安全保障工作中的关键一环，定期对网络安全管理人员进行安全教育和技能培训，增强工作人员的安全意识和技能水平，是高校做好信息安全保障工作的基石。

(4) 适度安全原则：没有绝对安全的系统，现实中按照高校自身的需求制定合适的安全策略，尽最大可能降低被攻击的风险。

(5) 全面防范、突出重点原则：全面防范是保障信息系统安全的关键，信息系统安全管理既要从全局出发，同时也要抓住安全防护的重点。

(6) 系统、动态原则：根据信息系统威胁风险的变化，及时对安全管理工作做出动态的优化和调整，更新合适的安全策略和防护手段。

(7) 控制社会影响原则：为了降低安全事件所带来的不良社会影响，应当由高校授权部门统一对信息安全事件的相关信息进行准确解释和回复。

1.4.4.2 信息安全系统的组织管理

通常，信息安全问题是由单位或组织内部的专门机构控制和管理的，由健全的安全管理机构保障和实施应用系统的安全措施。

对于高校而言，信息安全系统的组织管理主要从学校和二级单位两个层面开展。(1) 在学校层面，可以组建学校信息化及信息安全领导小组，统一负责学校网络和信息系统安全建设及其重要项目统筹计划，落实信息安全建设相关经费。同时根据上级教育主管部门和公安安全部门有关规定，做出高校网络和信息安全的决策与部署；建立和管理重大安全事件应急处理预案，决定对重大信息安全事件处置工作的启动、指挥和实施。(2) 在二级单位层面，各单位应当积极建立本部门的信息安全管理工作机构，明确信息安全管理责任人，制定自适应的安全管理制度，建立管理维护和应急处置措施，认真落实学校信息安全系统管理的要求和举措。

1.4.4.3　信息安全系统的人员管理

按照《国际信息安全管理标准体系》（BS 7799），人员安全管理是信息安全管理中的一个重要方面，高校信息安全系统中的人员安全管理应当从以下几个方面进行。

A　安全审查

学校必须建立严格的人员安全审查制度，把好人员安全管理的第一关。在高校进行网络和信息系统的管理或运维过程中，无论是相关岗位的校内教职工还是校外运维技术人员，首先要做好相关工作人员的安全审查工作，安全审查内容应该包含安全意识、安全技能水平、法律法规意识等多方面，同时人员还应具备政治可靠、作风正派等优良素质。

网络和信息系统的关键岗位人员审查的基本标准如下：必须是单位、组织的正式员工；必须经过严格的背景和政治审查；必须通过信息安全技能的综合考核；不能同时在其他关键岗位兼职。

B　安全保密管理

所有负责网络和信息系统工作的人员，必须与学校签订保密协议，承诺其对网络和信息系统应尽的安全保密义务，保证本人在岗工作期间和离岗后的一定时期内，不得违反保密协议，不允许向外界泄露学校网络和信息系统的有关秘密。

安全保密管理工作具体可以从以下方面着手：新加入的教职工在办理入职手续的时候，第一时间与之签订保密协议；现有校内技术人员，如果过去没有签订保密协议，应当及时补办相应手续；校外或第三方人员在接入学校网络或信息系统之前，要求相关人员签署保密协议，防止泄密行为的发生。

C　安全教育与培训

安全教育与培训是高校信息安全中人员安全管理的重要组成部分，通过持续有效的安全教育与培训，不断提高技术人员的安全意识和专业技能，这项管理工作应当在适应的安全策略指导下进行。

高校信息安全教育与培训策略应当包含以下内容。

（1）定期组织和开展信息安全教育与培训，强化工作人员对网络和信息系统所面临的各种安全风险的理解，以提高员工的信息安全意识，并遵守各种信息安全管理规定。

（2）应当以人员角色及岗位职能为基础，针对学校师生的具体情况，开展适当的信息安全教育与培训。

（3）信息安全教育与培训，除了适用于内部员工之外，同样适用于所有接入和使用网络与信息系统的第三方人员。

（4）信息安全教育与培训的内容应该具有针对性，根据网络和信息系统的业务功能发展和变化，及时进行调整、修正和补充。

1.4.4.4 信息安全系统的制度管理

高校中信息安全管理制度应该在以下方面具体体现[32]。

(1) 安全策略与制度。确保高校拥有明确的信息安全方针以及配套的策略和制度，完成网络和信息系统的安全等级划定，保证信息安全的资金投入。

(2) 安全风险管理。信息安全建设中没有绝对的安全，风险总是存在的。信息安全体系建设的目标就是要把风险控制在可以接受的范围之内。

(3) 人员和组织安全管理。建立学校自己的信息安全管理组织机构，明确各技术人员的岗位职责。

(4) 环境和设备安全管理。严格控制由物理环境和设备缺陷引发的各种风险。管理范围涉及环境安全、设备安全、介质安全等。

(5) 网络和通信安全管理。做好网络和通信系统的管理和保护工作，防止和减少因网络和通信系统问题导致的业务系统故障。

(6) 主机和系统安全管理。定期对主机和信息系统进行安全扫描和安全加固，避免和降低自身存在的安全漏洞而产生的业务系统损害。

(7) 应用和业务安全管理。加强学校应用和业务系统的安全管理，防止其受到破坏和滥用。

(8) 数据安全和加密管理。对校园网络和信息系统的师生数据进行加密存储或传输，防止业务数据和师生敏感信息的泄露。

(9) 运行和维护安全管理。保护信息系统在运行期间的安全，并确保系统维护工作的安全。

(10) 业务连续性管理。建立容灾或备份机制，保证信息系统在遭受灾难和攻击情况下，学校始终能够对外提供业务服务。

(11) 合规性管理。确保高校的信息安全保障工作符合国家法律、法规的相关要求，并严格遵循国家要求的信息安全方针、规定和标准等。

2　数字化平台空间

数字化平台空间主要由校级数据管理、公共服务系统、管理信息系统、辅助教学及资源等平台构成。校级数据管理中心主要集中管理全校所有信息数据，同时为各个信息系统提供数据归集和流转服务。公共服务系统主要实现人员身份、系统入口的统一管理，并提供 E-mail、站群、在线支付、即时通信等公共服务。管理信息系统主要包括人事系统、科研系统、教务系统、财务系统、图书馆管理系统等主要业务系统，为师生服务提供后台支撑。辅助教学及资源平台主要是用于对电子教学资源的管理。

2.1　校级数据管理中心构建

数据管理中心的建设目标是以教育部颁发的《教育管理信息化标准》和相关行业信息标准为基础，结合学校实际情况，制定学校数据字典和信息编码标准，统一数据交换标准，形成以信息编码为标准，主题数据为基础，共享数据为流转，决策数据库为分析的校级中心数据库。

2.1.1　数据管理中心逻辑构成

数据管理中心的逻辑架构如图 2-1 所示。

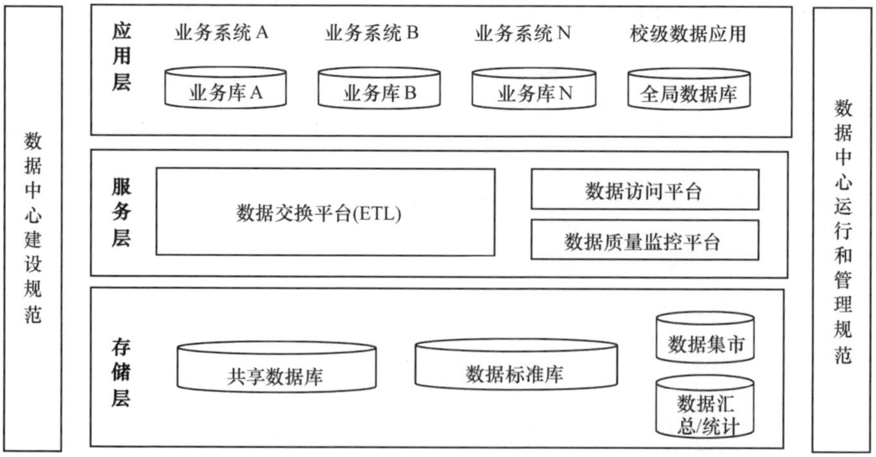

图 2-1　数据管理中心逻辑架构

整个体系共分为三层，从下到上分别是存储层、服务层和应用层。

2.1.1.1 存储层

存储层包括共享数据库和数据标准库的建设。共享数据库主要是业务数据库的汇集中心，是数据标准库的来源。共享数据中心的数据经过数据标准规范清洗后形成数据中心标准库数据，基于标准库建设校级全局应用。

2.1.1.2 服务层

服务层包括数据集成平台和数据访问平台，数据集成平台统一为各系统及部门提供数据交换服务；数据访问平台为各应用系统提供统一的数据访问接口服务，减少系统耦合性。

2.1.1.3 应用层

应用层包括部门级应用、校级应用两部分。部门级应用基于业务库，构建围绕局部的业务应用；校级应用基于数据标准库，构建围绕全局数据应用。

2.1.1.4 运行和管理规范

运行和管理规范包括数据平台建设与管理规范，为数据中心正常运行提供保证。

2.1.2 数据管理中心业务构成

数据中心整体业务架构如图 2-2 所示，架构以数据共享中心库为中心节点，各业务系统围绕中心节点接入，在业务系统数据到数据共享中心库的集成过程中经过集成平台的 ETL 处理，最后数据共享中心库的数据下发到数据标准库中为全局应用所用。

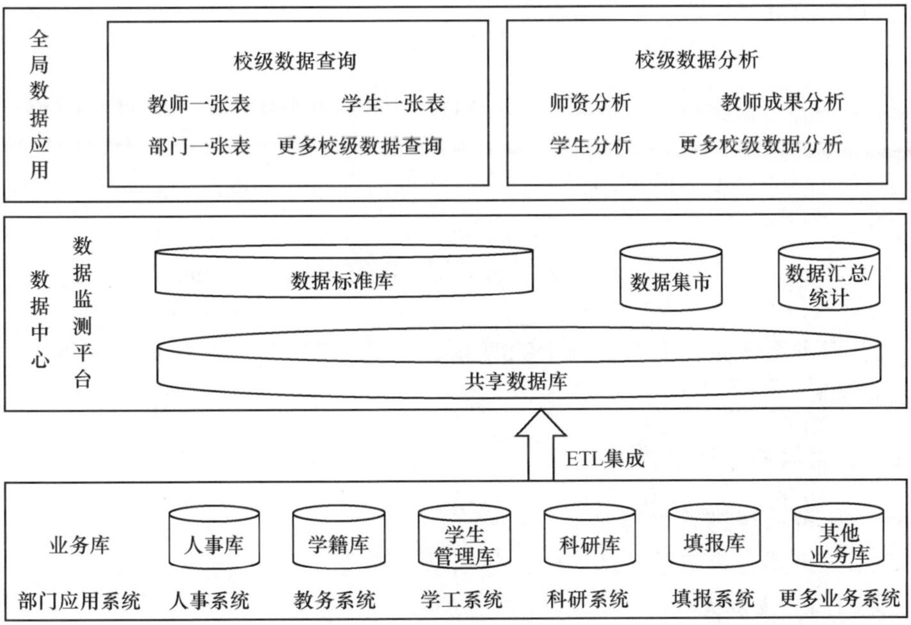

图 2-2 数据管理中心架构

2.1.2.1　业务数据库

业务数据库是业务数据的提供者，也是数据集成的受益者。各业务数据库把本系统的业务数据提供给集成中心数据库供其他系统使用；并从集成中心数据库中提取所需的其他业务系统数据。

2.1.2.2　填报数据库

填报数据库主要用于收集各业务系统没有的现存数据，是业务系统的补充数据库，该数据库通过填报系统收集数据，收集的数据同样提供给集成中心库的其他系统使用。

2.1.2.3　数据集成平台

数据集成平台主要完成数据集成过程，其中包含集成过程、集成方法调用以及集成架构和集成策略。集成的过程即为 ETL，它是将数据抽取（Extract）、转换（Transform）、清洗（Cleansing）、装载（Load）的过程，完成数据从数据源向目标数据库。数据集成平台按照标准清洗形成全局数据库。

2.1.2.4　数据集成监控平台

数据集成监控平台完成业务系统数据集成的监控、统计和分析，进行故障预警。

2.1.2.5　数据标准库

数据标准库为上层应用提供基础数据，是面向综合应用的业务数据源。数据标准库数据流向只有下行没有上行，即数据仅从共享数据中心到标准库，标准库不提供数据给共享中心。

2.1.2.6　数据仓库

数据仓库是用来完成数据的统计分析挖掘功能所创建的数据存储。一般以数据主体作为其基本设计模型。数据仓库的数据可以是由数据共享平台提供的数据，按照时间的维度和既定的主题，进行数据的存储和集成。

2.2　公共服务系统构建

公共服务系统是面向全校师生的服务平台，是面向用户开放性、整体性、联动性的关键。

2.2.1　公共服务系统逻辑构成

公共服务系统逻辑架构如图 2-3 所示。

整个体系共分为三层，从下到上分别是支撑层、服务层和展示层。

2.2.1.1　支撑层

支撑层是指利用数据平台、统一身份认证、校园 GIS 平台、信息中心引擎、

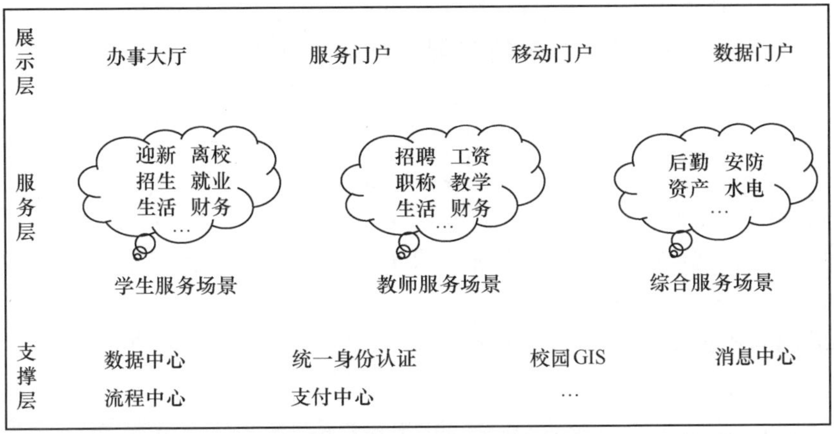

图 2-3 公共服务系统逻辑架构

流程事务引擎、支付平台等基础支撑平台，提供服务能力支撑。

2.2.1.2 服务层

服务层基于支撑层，利用微服务架构，提供面向全面用户的信息化服务场景。

2.2.1.3 展示层

公共服务展示层为用户提供多终端集中式的服务中心。

2.2.2 公共服务系统业务组成

公共服务系统包括统一身份认证平台、统一服务门户、统一移动门户、网上办事大厅、统一支付平台、校园 GIS 平台、统一通信平台、微服务应用平台、站群管理平台等。

2.2.2.1 统一身份管理平台

管理教工、学生、校友等各类用户身份数据的基础平台，实现基于身份数据的标准服务。

2.2.2.2 统一服务门户

基于 PC 端，针对全校师生，提供教师服务门户、学生服务门户、管理者门户统一服务入口。

2.2.2.3 统一移动门户

基于移动端，针对全校师生，提供教师服务门户、学生服务门户、管理者门户统一服务入口。

2.2.2.4 网上办事大厅

面向教师、学生等，集成学校所有办事事项，提供一站式办事的统一入口。

2.2.2.5　统一支付平台

通过全新的模式，彻底转变传统的收费服务方式，整合零散的网上支付接口，提升学校财务服务水平。

2.2.2.6　校园 GIS 平台

基于“数字环境”的理念，有效地对空间数据进行采集、存储、检索、建模、分析和输出，使校园资源信息在空间上直观明了地显示出来，并能为这些信息的深层次挖掘和后续信息服务及辅助决策提供空间属性上的支持。

2.2.2.7　统一通信平台

集成校内各类系统的待办、催办、消息、通知，并通过各种终端方式，包括手机短信、E-mail 等进行统一推送。

2.2.2.8　微服务应用平台

微服务应用平台提倡将应用分割成一系列细小的服务，每个服务专注于单一业务功能，运行于独立的进程中，服务之间边界清晰，采用轻量级通信机制相互沟通、配合来实现完整的应用，满足业务和用户的需求。

2.2.2.9　站群管理平台

站群管理平台为全校的二级网站提供一个统一化管理和个性化建设平台。站群系统采用一套数据库体系、一套管理发布系统，不仅实现网站管理维护的便捷性，同时也进一步强化网站安全性和可靠性。

2.3　管理信息系统构建

管理信息系统主要是解决业务管理的信息系统，主要面向的是业务管理者。

2.3.1　管理信息系统逻辑构成

数字化校园基本框架如图 2-4 所示。

管理信息系统在图 2-4 中就是业务系统，它处于基础服务平台和信息服务展示平台之间，对应的其实也是服务层，只是服务的对象主要是二级单位业务管理员。

2.3.2　管理信息系统组成

学校管理信息系统主要包括协同办公系统、人事管理系统、财务信息管理系统、科研系统、学工系统、教务系统等。

2.3.2.1　协同办公系统

协同办公系统为学校的校内行政、党政办公人员提供公文批办、公文归档、用户授权、信息发布、个人待办事务处理等功能，提供校级、部门内部及部门之

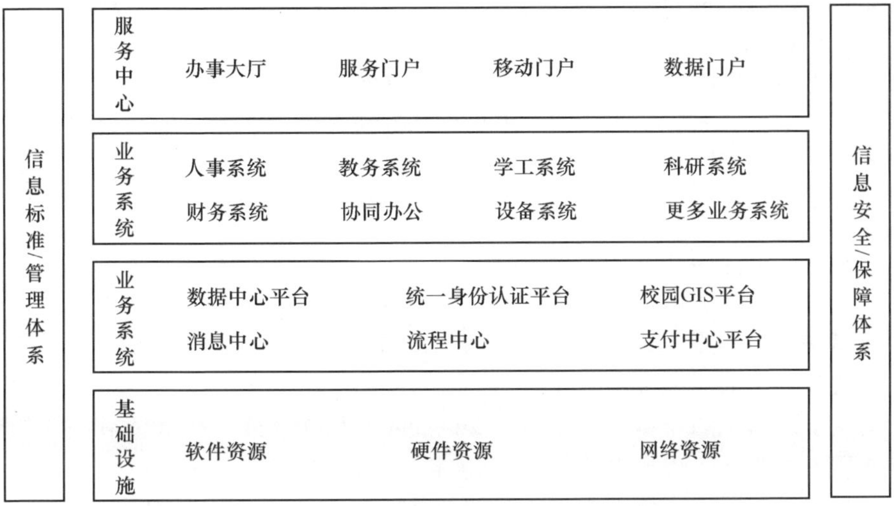

图 2-4 数字化校园基本框架

间的协同办公，提高各个部门的办公效率，使学校日常办公实现无纸化、自动化和网络化。

2.3.2.2 人事管理系统

人事系统实现了对在职人员、离退人员、死亡人员等进行分类管理，并通过业务流程的管理方式实现了人员的新进、离职，实现了基本工资的管理及二级单位每月绩效的管理，提供包括请假、职称申请、个人信息修改申请、办事预约等教职工自助服务。

2.3.2.3 财务综合信息门户

教职工可以通过财务综合信息门户查询、下载各类经费到款、项目总账及明细账、工资、酬金、无现金报销转卡记录、个人借款借票情况等，同时可以实现网上预约报销，减少教职工排队时间。各学院欠费催缴人员可以查询到本学院的学生缴费、欠费情况。

2.3.2.4 科研管理系统

科研管理系统主要是为实现对学校各部门、研究机构和教师的科研项目、科研成果进行高效管理以及对科研活动的全程跟踪，同时实现科研考核，为全校教职工提供一个科研服务的平台。

2.3.2.5 资产管理系统

资产管理系统管理对象涵盖了学校固定资产（房屋及构筑物、仪器设备、文物陈列品、家具、图书）、无形资产（土地、软件、其他等）、低值耐用品等各类资产；可以由各级管理人员按照各自的权限，在校园网上快速有效地开展各项资产管理活动（资产验收、增加、处置、变动、清查、折旧、统计、账表、产权登记等)，及时传递各种资产管理信息，方便快速地报送各类资产数据。

2.3.2.6　设备管理系统

设备管理系统是适用于高校的专业化设备管理系统，该系统融入了设备管理理念，涉及设备采购、设备使用、大型设备开放共享、设备下账处置等功能，基于互联网为高校设备管理提供先进可靠的信息化管理手段，为设备管理人员提供更好的服务。

2.3.2.7　教务管理系统

教务管理系统能够充分满足学分制教学管理模式的需要，全面支持学分制下的弹性修读年限、培养方案体系、教学任务管理流程、课程排选模式、考试管理、收费方式、辅修专业管理等管理工作，涵盖了教务、教学过程中的所有环节；实现了结构化的培养方案体系、受控的先选后排模式，先修读后注册的辅修模式等强大功能；体现了柔性化管理机制、以教学目标管理为基础，管理过程的监管控制等特征；为学校实施学分制教学管理模式提供了有力保障。

2.3.2.8　学工系统

学工系统梳理并优化学生管理工作流程，从学生、生活、思想等各方面进行全面的管理。整合并规范学生管理业务，实现全校学生管理模式规范，为学生处内部各科室以及院系学生工作管理部门的协同工作提供无纸化的办公条件。该系统实现了日常管理工作超越时间和空间的交流机制，为相关职能部门和个人提供实时数据的查询与分析功能，实现学生系统与学校其他系统的联动，提高学生管理工作的效率和管理水平，大大提高了学生工作管理的效率。

2.3.2.9　档案管理系统

档案管理系统，通过建立统一的标准，规范整个文件管理，包括规范各业务系统的文件管理，构建完整的档案资源信息；支持档案管理全过程的信息化处理，从档案的收集、入库、整理、发布、归档、查询、借阅、销毁等方面进行全过程控制和管理，实现档案信息管理传输的自动化、档案资料一体化、标准化、规范化和共享化。

2.3.2.10　校友管理系统

校友管理系统是一个面向校友展示母校发展动态的平台，利用互联网技术充分发挥学校校友总会、地方校友会、院校校友会多方的能动作用，共同收集整合校友详细信息，为学校提供一套完整的动态校友信息库。校友管理系统使校友在世界各地都能及时地了解母校的现状，为母校的发展献计献策。促进校友之间在教育、科研、文化等方面的协作与交流，以及联谊活动，从而架起校友与母校、校友与校友之间的感情纽带。

2.3.2.11　学生公寓系统

学生公寓管理平台可以实现公寓信息共享，方便各级领导准确了解公寓当前使用情况；能够实现床位自动分配，提高管理效率；能够方便院系领导和辅导员及时掌握学生在寝室情况，实现高校宿舍管理的数据信息化、流程信息化、决策信息化，最终达到数据共享、管理自动化、管理智能化。

2.4 辅助教学及资源平台构建

基于信息技术手段搭建辅助教学平台和资源平台，为教师的“教”和学生的“学”提供丰富、多样化且易操作的教学资源获取途径，促使信息技术与教育教学深度融合，打破高校传统的教学模式。在现阶段发达的信息技术条件下，打造互联网在线教育平台，开发优质教学资源，打破传统的教师班级授课方式在时间和空间上的限制，一方面提高教学方式的灵活性，便于学生随时随地开展学习；另一方面通过丰富的教学资源为学生提供私人定制化的学习资料与强大的数据库支持，促进诸如 MOOC、SPOC、翻转课堂等基于网络技术的新型教学模式的形成。

2.4.1 辅助教学及资源平台的组成

辅助教学及资源平台由教学资源库、图书馆管理系统等组成。

2.4.2 辅助教学及资源平台各模块的功能

2.4.2.1 教学资源库

丰富、优质的资源是教学的基础。为了实现优质教学资源的共建共享，需要构建面向课程、教师、学校等多个层次的教学资源中心。教学资源库是资源共建共享的基础，是实现优质教学资源有效聚合、广泛共享和充分应用的基础。以西南石油大学为例，教学资源库作为资源类分享网站，主要包括西南石油大学教学资源中心和校本资源库两部分。教学资源库作为资源服务工具面向校内师生提供免费的教学资源供教和学使用。

（1）西南石油大学教学资源中心包含了全球开放课程、全国精品课程、清华精品课程、专业软件资源、专业教学与学习文档、专题库和其他视频资源等教学资源。以上资源皆免费面向校内师生开放，提供教学和学习资源的支撑。教学资源中心集教学资源的积累、管理、共享和使用于一体，提供标准化资源库管理平台，支持各类资源的上传、维护和管理。同时，教学资源中心提供全国精品视频、视频公开课程、OCW、MOOC 等开放资源及编目，方便教师检索、定制、推送和使用。教学资源中心提供资源浏览、资源查询、资源下载、资源上传、资源评价和个人资源库等功能。教学资源中心集资源积累、管理、使用和共享于一体，提供简单便捷的查询检索方式和丰富的教学资源，并通过多种上传方式进行资源的自我积累。

（2）西南石油大学校本资源库是与课程中心网络教学平台匹配使用的资源类分享网站，以学科为中心，以专业为基础，提供多专业、多样式的资源整合。校本资源库由专业标准资源库、课程资源库、试题资源库、素材资源库与可自定义库组成。主要功能包括资源在线阅读、资源下载、资源添加与共享、资源推送、资源收藏等。以知识点为切入点，整合包括课程视频、网络课程、图书资料、文献资料等相关资源，并提供课程论坛，学习者可在此板块进行学习和交流。资源模块包括校级、省级、国家级的精品课程及优秀课程展示。师生用户注册登录之后可实现资源的浏览检索、资源上传、资源下载、资源收藏、资源评价、资源更新等操作。

考虑全国各院校资源共享与互换的需要，教学资源库的资源内容分类和资源类型符合教育部教育资源建设规范标准，资源元数据和实体存储方案遵循主流标准一站式汇聚。资源推送机制基于数字化教学资源中心和网络课程联盟平台，整合校内外优质资源，实现定制资源推送的功能，提供一站式资源查询服务，实现教学资源的个性化定制与推送，有助于减轻教师的资源制作、检索等工作，真正方便优秀网络课程资源的积累和应用，从而提高资源的利用率。

2.4.2.2　图书馆管理系统

图书馆管理系统由图书馆纸电一体化管理系统、电子图书数据库、读秀知识库、电子期刊库组成。随着物联网、大数据、云计算、人工智能、微服务等新技术的不断涌现，推动着图书馆的数字化管理发生一场新的变革，在不断应用各项新技术的前提下，重新规划和建设以智慧数据和智慧管理为基础，以满足图书馆各种智慧服务为目标的开放、可生长的平台，逐步实现从数字图书馆向智慧图书馆的转型。

（1）图书馆纸电一体化管理系统可以对纸质、电子、数字三种资源元数据进行统一管理，同时支持纸质、电子、数字多资源的馆藏管理。平台拥有中央知识库作支撑，能够实现本馆元数据与中央知识库的挂接。元数据编目支持多种国际国内编目标准，CNMARC、USMARC、DC、DCTERMS 及规范 MARC 的元数据支持。可进行回溯编目或验收编目，选择系统模板或可设置自定义模板，平台提供 MARC 编辑器和行列编辑器，UNICODE、UTF-8 字符集，实现多语种编目，USMARC 的 RDF 和 BIBFRAME 展现。元数据分屏编辑和帮助提示，可合并与拆分、简繁互换，自动生成相应字段。馆藏分屏界面，能够以套、册方式按新书分配规则进行分配。系统提供本地检索和联机检索（可单独本地检索或联机检索），支持多索引组检索。同时联机检索可通过 Z39.50 广播查询下载，包括国图、CALIS 等多数据来源检索。系统还支持批量编目，通过编目工作池加入个人工作区实现批量编目。

(2) 电子图书数据库可以实现图书资源的数字化建设。图书馆在社会中位于知识信息搜集、储存、传播的中心地位，面对着四面八方不同人群对于知识的获取压力，面对着人们知识需求的增多，图书馆在馆藏发展中应该合理配置馆藏资源和网络资源，加快馆藏资源特色化和数字化进程。而电子图书馆数据库则根据高校特点、科研方向，集成数字资源数据，以满足读者日益增加的数字化图书需求范围与阅读体验。

(3) 读秀知识库是由海量全文数据及资料基本信息组成的超大型数据库。以海量的中文图书和全文资料为基础，为用户提供深入内容的章节和全文检索，部分文献的原文试读，以及高效查找、获取各种文献类型学术资源的一站式检索，周到的参考咨询服务，是一个真正意义上的学术搜索引擎及文献服务平台。

(4) 电子期刊库是为了应对学术期刊面临的挑战应运而生的数字化图书资源平台，它采用了全新的“域出版”模式，与传统编辑出版模式里每期内容的“栏目化”组织方式不同，各个期刊编辑部按学术规范处理完一篇稿件后根据稿件内容所涉及的主题来决定该论文放到哪个专题栏目。按“域”组织发布和出版传播数字论文，就是期刊的“域出版”。每一个学术刊物的背后，都是一个空前活跃的学术社群，他们形成了一个非常专业的学术共同体。学术刊物通常就是这些学术社群的标志，体现了他们独特的学术价值、问题意识、学科倾向和专业尺度。

图书馆纸电一体化管理系统、电子图书数据库、读秀知识库、电子期刊库共同相辅相成，构成特色图书馆管理系统，形成了有效的辅助教学资源补充。

2.4.3 辅助教学及资源平台模块间的互动

整合多个异构平台，实现数据交互与共享，具体通过标准接口和模拟人工操作两种方式实现信息整合。标准接口方式有许多系统提供了标准接口，通过标准接口可以实现与本平台的无缝对接；模拟人工操作方式则不需要这些系统提供接口，不用直接读取他们的数据库，也不用修改数据库，只需要通过模拟人工操作获取系统反馈的结果并进行解析后展现，这样的做法相对安全、易于操作。

完善、成熟的辅助教学及资源平台模块可以构成有机的网络资源系统，将纷繁复杂的教学资源进行有效地组织，并通过网络工具快捷方便地提供给每一个参与教学活动的主体。辅助教学及资源平台模块间的网络资源共享与互动，可以实现教学的课内外结合、理论与实践结合。

3　教学资源空间

教学资源库建设是一个动态过程。教育信息资源库，既要为教师备课、上课服务，提供各种教学辅助资料、优秀案例、教学用多媒体课件和素材，还要为学生服务，提供优秀教师的教学辅导和学生自主学习的资源。教学信息化资源库建设面向学校骨干专业，以核心课程和平台课程为重点，建设体现学校教育教学改革最新成果和特色的、开放共享型的教学资源库。

3.1　数字媒体资产管理系统构建

面对海量的视频资源，需要对媒体资产进行有效的数据管理与数据挖掘。数字媒体资产管理系统可实现对数字媒体资料的集中管理，主要包括数据的存储、编目、上传、搜索、信息发布等，是数字化媒体制作的必要辅助工具。将媒体资料以数字化的形式存储在媒体资产管理系统中，通过不断地完善媒体资产管理系统，提高媒体资产的利用率。

3.1.1　数字媒体资产管理系统的功能

数字媒体资产管理系统满足资料管理的个性化编目规则，具备海量数字媒体资源的数据管理与数据挖掘需求，利用数字资源管理工具实现海量视频资源的网络化、智能化、数字化管理的目的。通过快速地对海量的媒体资源进行有效分析，从媒体资源中快速地找到自身所需要的资源，从而提高资源的管理效率。数字媒体资产管理系统具有高效入库、高效编目、便捷查找等特点。

3.1.2　数字媒体资产管理系统的运维

数字媒体资产管理系统根据素材的来源、类型不同，媒体内容入库管理的策略也有所不同。对于存储于录像带、磁带等传统介质的素材，需要首先经过数字化处理，再上传到媒体资产管理系统中进行编目和存储；日常拍摄的数字化素材则在拍摄结束后第一时间在数字媒体资产管理系统中完成编目和上传、存储。编目时通常采用一次编目的方案，初编目字段满足内容检索、内容归类和远程控制等需求。为了满足海量素材的快速检索目的，媒资编目也体现了简要、快捷的特点，在较短的时间内完成媒体内容入库管理、资源编目、归档管理、资源的高效组织和利用等工作。

3.1.3 数字媒体资产管理系统的优化与管理

在数字媒体资产管理系统中，媒资编目面临着新的课题，编目的字段和编目内容都需要有新的变化，以满足快编、快用的需要。根据媒体融合下的业务发展要求，从快速分类、关键词优化、素材检索优化、热点数据分析、大数据分析方面提高数字媒体资源管理系统的信息组织与利用的效率。

3.2 课程中心构建

对于高校教育教学而言，网络教学平台是必不可少的辅助教学工具。尤其是在当今在线开放教育开展如火如荼的时代，线上教学已经成为传统教学的重要补充方式。构建网络教学平台作为网上教学和教学辅导、网上自学、网上作业、网上测试以及质量评估、网上师生交流等多种服务在内的综合教学服务支持系统，为高校师生提供实时和非实时的教学辅导服务。

3.2.1 课程中心的功能

以西南石油大学为例，课程中心作为该校的网络教学平台，以课程为中心，提供全面的网络教学功能，包括在线课程学习、主题讨论、作业、考试、通知、互动课堂、统计、移动学习等，是学校在线网络课程资源的主要载体和工具。同时，在教学和学习过程中，能够直接无缝对接海量在线资源，实现名师课程视频、教材教参、文献资料等的轻松调用，为教与学随时随地提供丰富的资源支持。

课程中心的主要功能包括：

(1) 以教师为中心进行课程建设，支持个性化、多种模式的教学设计；以学习者为中心呈现学习内容和活动，支持按知识单元或教学进程进行学习导航。

(2) 以资源建设为主线，支持学生个性化定制资源推送策略，支持将本校专业与专题资源、联盟课程、国内外开放课程等直接推送至个人学习空间，实现优质资源的共享共用。

(3) 支持基于微视频的交互式学习设计，支持微视频导向的即时测试反馈、跨模块多维度学习分析和评价、基于学习社区的讨论与分享。

(4) 支持精品资源共享课程和视频公开课程的建设、申报和校内评审，支持网络课程与精品课程内容复用，减少教师的重复劳动，带动优质教学资源的长期共建共享。

(5) 以专业建设为基础，支持教学管理部门针对专业与课程架构统一建设、管理与评价，实现网络课程、精品开放课程和优质教学资源与专业建设成果的对外关联显示。

(6) 支持基于网络教学平台的全校、课程两级的自主学习、探究式学习、协作式学习等研究型教学模式。

(7) 依托课程中心，不仅可以开展辅助教学、翻转课堂、纯网络教学和网络修学分等多种教学模式，还支持精品课程建设和评审、分级管理教学、质量工程与评审，可以满足师生随时随地的移动学习，访问个性化学习空间。

3.2.2 课程中心的运维

课程中心将名师课程、专题及学术视频，相关图书、期刊、论文、教材等和数千门校本课程资源进行整合，实现了统一运维。利用课程中心平台，教师课程可实现便捷建课，达到教学网络化、自动化的目的；并通过实时大数据统计追踪，真实反馈每个学生的学习状况。学生获取资料更便捷，随时与老师同学交流互动。随着网络应用普及程度的提高，传统课堂教育的死板和局限性有望被打破。利用课程中心，特别针对师生之间的互动性进行开发设计，将互动环节的内容、空间进行深入挖掘，形成了一种具有创新性的网络教育教学模式。课程中心的运维过程中，将学校的教学资源进行积累，形成学校无形资产；移动教学工具的使用促进学校课堂教学改革。

3.2.2.1 课程管理

师生可将自己正在开设或者学习的课程收藏其中，可查看各种课程的进展，并制定相应的教学或学习计划。

3.2.2.2 过程管理

教师可随时把握各个课程的进展，了解学生学习的进度和问题，并根据进度对教学活动进行修正，提供各种答疑活动，或者采用线上线下相结合的教学方式，以辅助学生的学习。

3.2.2.3 教学资源管理

教师可通过课程中心平台搜索、编辑和设计各种有助于教学的资源，并上传至网络课程，便于学生学习。通过课程中心平台还可对作业、考试进行设计，以形成有专业特色的教学资源。

3.2.2.4 教学互动管理

传统的教育模式下，所有的学生都被动地在听老师讲，师生之间的互动空间有限，学生之间，教师之间的互动更是很少。利用课程中心可搭建学生和老师之间无障碍自由沟通平台。区别于传统的教育模式，没有学校和课堂的制度规范，没有其他同学的旁听，只有一个学生和一个老师之间最亲切随意的沟通。在老师们之间，根据对教学内容、课题、科目、讲义、教学大纲等教育内容的探讨，让老师之间加深以课程为基础的沟通和交流，积累更加丰富的网络教学经验。在学生与学生之间，通过趣味教学课程、视频、PPT 等资料都是学生之间交流探讨的话题；其中设置的好友推荐、好友动态、图片、日志分享等内容，更有利于学生之间的彼此熟悉。这种在互联网建立的沟通模式在进行课题探讨、知识反馈、作业批改等内容时更显便利和有效，师生之间的互动频度、深度和广度都有所提高。

3.2.3 课程中心的优化与管理

实现本地化与云平台混合式部署，将教师自有资源镜像到本地，确保资源安全性问题；云平台的部署从根本解决校园网出口带宽不足的问题，保证流媒体等播放流畅。混合式部署模式实现了资源的多重备份，同时将教师上传资源本地化，保护教师的教学内容安全性，确保资源的安全性，并从根本解决校园网出口带宽不足的问题，保证流媒体等播放流畅。混合式部署模式下，定期进行最新的版本升级，获取平台的最新功能，让师生用户有更好的体验。

定期对平台内容及功能进行优化与功能调整，从课程管理、资料上传、班级管理、学习统计、移动学习工具的应用等角度及时调整课程中心的功能模块，以更好地满足师生的使用体验感、提高应用效率。

4　教师发展空间

信息技术能很好地服务于一线教师并开拓教师发展空间。在教师发展空间中教师能够方便地进行基于信息化的教学实践与研究，提升他们的业务技能，拓展他们的发展空间。

4.1　教师工作坊的构建

作为课堂教学技能训练的手段，微格教学是教师教学技能提升的重要途径。利用现代视听设备针对教师教学技能进行小规模教学训练，把完整的课堂教学分解为微小的教学片段，以弥补课堂教学对于教师技能训练存在的缺陷。同时可利用微格教室的数字化摄像系统对教师教学过程进行记录，以进行及时的观摩和评价，有助于教学动作技能和语言技能的规范化提升。

4.1.1　教师工作坊的功能

建成教师工作坊，一方面用于学校微格教室使用，作为教师进行课程信息化教学改革实验场；另一方面用于学校各类网络精品课程教学视频的自助式录制和自助式快捷编辑制作。

教师工作坊包含数间独立录播室和一间课程编辑及课件制作室。其中，各录播室均从照明及采音效果等方面进行了精心设计装修，背景板均采用纯蓝色设计，便于广大教师制作各种抠像视频；并且配置了高清互动教学一体机、数字摄像机，可以满足多角度的现场教学、教师讲座等实况的录制需求。高清互动教学一体机整合了投影仪、电子白板、电脑、电视、触摸功能等多种设备于一体，可实现书写、批注等人机交互功能。部分录播室配有白板以供教师教学板书使用。课程视频编辑及课件制作室配备了非编工作站、视频编辑存储等设备，主要用于教师在课程录制后进行课程视频的后期编辑、信息化教学课件制作和网络课程制作等。

教师工作坊用于微格教学使用，借助数字化录播设备对小规模教学过程进行摄录，并及时将成品视频拷贝到课程视频编辑及课件制作室及时回放，教师及时看到自己的媒体教学效果，进行评价、反馈和及时矫正。尤其是对新教师而言，多次进行微格教学步骤的练习后经过反复强化，能够迅速提高教师的教学技能。

微格教学对教师的教学技能提出了更高的要求，将教学实践和教学问题都集中在有限的时间和空间内，对教师的整个教学过程进行实时监控和反馈，从而使教师的课堂教学技能快速提升。

利用教师工作坊，对教师的个性化教学也有促进作用。教师工作坊的“小而精”的布局模式和微格教学的主旨相契合。

教师工作坊的建成和投入使用，为教师自助进行各教学视频的录制提供便利、进一步提升网络精品课程视频的数量和质量、为学校教学信息化的发展提供强有力的保障。

4.1.2 教师工作坊的管理

学校信息化部门开展面向全校各教学单位的系统操作培训、保障教师工作坊的正常运行。教师经过培训后可以自己独立完成自助录制课程，在录播间完成录制后，可将视频拷贝至机房进行便捷地剪辑、后期处理和研讨交流活动。

4.2 录播教室的构建

4.2.1 录播教室的功能

录播教室作为学校录制精品课程的主要场所，承担了学校国家级、省级、校级各级各类精品在线开放课程的录制任务。录播教室内设的录播系统采用多讯道媒体制作方式，可以全方位、多机位、多角度记录课堂教学活动，高清摄像系统配置、灯光系统等轻松实现教师课堂讲授、课件、师生互动、板书等多路视音频信号的切换和录制功能，为学校精品资源共享课和精品视频公开课提供更好的技术层面的保障。

4.2.2 录播教室的管理

学校信息化部门承担录播教室的管理工作。采取国家级、省级、校级精品资源共享课优先保障录制的原则，保障各类优质课程教学视频的成功录制。根据不同课程的录制需要，对录播硬件及软件系统进行不定期升级改造。通过对录播教室的升级改造，进一步提高了各级各类精品课程的录制质量，提升了学校的在线开放课程的建设水平。

5　移动学习空间

5.1　移动学习基础环境构建

5.1.1　校园无线网络建设方案选择

在新的时代背景下，校园有线网络已经越来越不能满足学生的需求。为了能够有效扩展有线网络的覆盖范围，弥补有线网络使用不够灵活的缺陷，满足同学随时学、处处学、拿出手机就能学的需求，在校园中实现无线覆盖非常有必要。

校园无线网络设计应该遵循以下原则。

（1）实用原则。认真研究学校对于无线网的需求，并站在适当超前的角度来确定无线网络规模。在经费预算之内，尽量多对比不同厂商的产品，选择技术相对成熟，管理和维护方便的产品。

（2）安全原则。为了确保信息安全，校园无线网络运行的协议、服务必须符合相关安全要求。

（3）可靠原则。对整个无线网络的架构设计、设备选择等方面都要充分考虑高可靠性和冗余性，不能因为某个节点或某条链路故障影响业务运行。

（4）易扩展原则。能够容易地进行网络的扩展和业务种类的扩充，未来网络升级及更新时，能够保护现有投资。

（5）易管理原则。整个无线网络的运行状况能够实时远程监控和远程管理。

校园无线网络宜采用 FIT AP 方案（AC+AP），由 AC 对全网 AP 实施集中式管理，简化无线组网和管理，提高网络安全性。AC 可以向 AP 提供相应的参数设置，实现动态的功率调整、信道调整、用户定位、AP 组配置、干扰监测和避免、QoS 保证等功能。

无线网络系统应该具有良好的安全性，在无线用户接入网络之前，必须经过认证，以确保只有通过认证的用户才能够访问无线网络资源，拒绝非法用户。

在无线接入方案和设备的选择上，AP 应上连 POE 交换机，使用网线对 AP 供电，减少电源布线成本。

5.1.2 无线网络的安全

5.1.2.1 多 SSID 互扰

为了满足校园网中不同用户的上网需求，可能会释放不同 SSID 的无线网络信号。如果不同的 SSID 之间没有做到严格隔离，会影响用户接入。

5.1.2.2 VLAN 内用户安全

连接到同一个 SSID 网络下的用户基本上都处于同一 VLAN 中，这样就存在遭受 ARP 攻击的风险，攻击者可以通过 ARP 欺骗等攻击截获其他合法用户的上网权限。

5.1.2.3 DHCP 地址池资源耗尽

当用户设备连接到无线网络时，设备会发起 DHCP 请求，AC 作为 DHCP 服务器收到请求后将会分配 IP 地址。采用 Web 认证方式时，用户只要连接到无线网络就会获取到 IP 地址。如果有人发起攻击，将 DHCP 地址池资源耗尽，那么合法的用户就会因为获取不到 IP 地址而无法访问网络。

5.1.2.4 设备及协议漏洞

无线网络设备中运行的软件及协议可能会存在安全漏洞，这些漏洞很容易被攻击者利用，从而威胁无线网络安全。

5.1.2.5 管理方面存在的问题

人为因素从来都是一个不容忽视的安全隐患。弱口令的存在或者密码保存不善，都为攻击者提供了可乘之机。人为的疏忽或技术不过关导致安全策略配置不完整，都会导致网络安全问题。

5.1.3 无线网络的管理

5.1.3.1 加强访问控制和安全策略

释放出多个 SSID 的校园无线网，要做好连接到不同 SSID 下的用户之间隔离措施。为了解决 DHCP 地址池耗尽的问题，一方面可以将 DHCP 地址池适度扩大，另一方面可以将 DHCP 的租期适度缩短，以便及时收回没有使用的 IP 地址。

5.1.3.2 身份认证

在校园网中可以综合使用多种认证手段，禁止未经授权的人访问网络，保护网络资源。校园无线网中通常会使用 Web 认证，而近些年 Portal 无感知认证技术开始流行起来，既能保证认证的安全性，又能提升用户体验和管理的灵活性，适合高校的无线网管理。

5.1.3.3 及时修复系统漏洞

必须随时留意网络上发布的漏洞信息，必要时可借助漏洞扫描系统发现系统漏洞，及时更新软件和固件，及时修复系统漏洞。

5.1.3.4 强化安全审计和行为管理

安全审计日志记录了校园网用户的上网行为，为方便日后审计，必须妥善保存，一般要求保存6个月以上。查看网络系统日志可以发现网络中的异常情况，及时制止用户异常行为。

5.1.3.5 提高网络安全意识和管理力度

网络管理人员的安全意识直接影响着无线网络的安全性。网络安全事件的发生往往是由于网络管理员安全意识淡薄，疏于防范。必须提高网络管理人员的安全意识，通过制定相关制度，把无线网络安全管理纳入日常网络管理工作中去。

5.2 移动学习终端构建

5.2.1 移动学习终端的功能

面对“移动互联网时代原住民”的学习者，充分利用手机和移动智能终端的即时性和便捷性，使学习变被动为主动，极大地扩展教学空间，引导学生进行跨越时空的碎片化学习；创建全新的课堂模式，实现充分的师生互动；有效打通课内课外，完成流程的形成性考核评估。移动学习终端支持学生在移动设备上进行在线学习，满足学生利用空闲时间随时随地“碎片化”的非正式学习需求，实现线上学习与线下学习相互补充，移动终端与台式电脑无缝切换，以此推进泛在学习和终身学习的有效实践。移动学习终端的功能主要包括以下几个部分。

5.2.1.1 实现全流程教学管理

通过移动学习工具的智能签到、课堂管理系统、移动教务查询系统、大数据分析系统、教学评价系统、报名及考试系统实现网络教学的全流程管理。

5.2.1.2 提升学生学习主动性

使用移动学习工具的课堂辅助教学系统、在线学分课程系统、信息查询系统、实名社交系统的种种激励措施提升学生学习主动性。

5.2.1.3 打通校内外资源共享通道

利用移动学习工具的移动阅读系统、图书馆系统，可以进行海量资源自由搜索与订阅，充分发挥校内外教学资源价值。

5.2.1.4 提高教学能力和研究水平

通过移动学习工具的大数据分析系统、课程自建系统、课堂辅助教学系统、作业自动处理及相似度分析系统功能大大减轻教师教学事务性工作负担，为教师节省时间和精力进行教学改善与科学研究，提高教师教学能力和研究水平。

5.2.2 移动学习终端的管理

移动终端的设计实现了移动学习、传统课堂与网络教学等多种应用的深度融合。移动学习与传统课堂教学、网络教学平台之间相互补充，满足碎片化时间利用与系统性学习需求，为学习者提供无缝学习支持。支持多种教学模式和学习方式的相互补充应用，支持个性化学习与情景学习、在线学习与离线学习、线上学习与线下学习结合的混合学习、微型化学习与碎片化学习、正式学习与非正式学习等多种学习方式的综合应用，最终推动泛在学习和终身学习的实践。支持多种现代学习理论与教学理论的深层次融合应用。基于联通主义学习理论、分布式认知、情境认知、活动理论等社交网络的学习理论，实现“人-资源-人”之间互联与生成性资源管理、滚动积累和共享，稳步提高教学质量，推进创新型人才培养。

移动学习终端实现了教学内容和教学活动的深层次融合，支持在学习单元的内容呈现过程中，伴随着交互式活动深入推进，实现学习资源和教学活动深层次融合。移动学习终端实现了物理空间和虚拟空间的统一，支持数字化存储与随时随地学习，支持实践与情景教学。

课前，通过移动学习终端引导学生预习、学生掌握节奏、检测预习的效果、建立小组讨论及解疑。

课中，打造基于小组的互动式教学，教师对疑难点进行解释，学生练习已获知识的运用，教师对学生给予指导和反馈，课堂上可以进行多项互动，如签到、投票、抢答、弹幕等。

课后，学生利用移动学习终端提供的课外阅读、课程作业等，对学习内容进行深化知识理解、重点难点提高、知识内化顺应，教师根据学生反馈信息可以对学习针对性指导。由于移动端与网络教学平台 PC 端进行了无缝对接，故学生可以在做作业时根据需求进行做作业方式的不同选择。在移动端和 PC 端所做的作业都可以保留学习记录。

课外，学习者可以进行自主探究式学习、将课堂所获理论应用到实践中，实现理论实践一体化、个性化拓展、在线互动答疑、社交学习、学习社交。

6 社会拓展辐射空间

高等学校立足自身特点，从学科积淀和专业优势出发，着力提高教育质量，走特色发展之路，多管齐下，积极开展各种形式的培训，拓展社会服务空间。同时，大力开展非学历培训，不断提高服务社会的能力，为地区培养更多的人才，拓展学校的辐射空间。

6.1 同行辐射

双一流大学建设为多元化网络教学空间构建带来了更多的机遇和挑战。在新一轮的学科发展机遇期中，信息化教学部门应该主动抢抓机遇，抢占双一流学科建设的制高点，从信息技术的角度助力学校的双一流学科建设。

以西南石油大学为例，近年来，西南石油大学网络与信息化中心加强与兄弟院校之间的业务交流，积极响应国家颁布的《教育信息化十年发展规划（2011—2020年）》中关于"倡导网络校级协作学习，逐步开展专家引领的网络教研方式，促进教师专业化发展"的要求，多次赴省内外其他高校调研考察，尝试基于国际一流学科评价标准探讨和开辟学科发展新路径，从信息技术的角度与其他高校互通资源、互助合作，利用网络和信息技术建立高等教育资源共建共享机制，利用信息技术手段来突破时间、地域和资源等的限制，使教师及时互动交流，实现课堂教学与科研的同步提高，有效促进教师教学与科研相结合的专业发展的形式。

6.2 社区辐射

社区教育是为了满足人民群众的终身学习和多元化学习需求而诞生的学习形式。多元化网络教学空间的构建对社区教育中的创新应用方式注入了新的资源，在社区教育教学过程中会发挥着重要作用，为远程教育、在线交流及测评等活动的开展提供多元化的技术支持。

以计算机和网络为依托，构建覆盖范围更广的社区远程教育平台，能够突破以往单调的社区教育活动的局限性，拓宽社区教育的深度和广度，促进优质教育资源的共享。通过学校和社区教育机构的合作，共同构建远程教育平台，实现高等教育资源在社区教育中的共建和共用，利用信息技术的先进性，创设更加合适的教学情景，利用多媒体工具以文档、图片、音频、动画、视频等不同的形式向社区学习者呈现学习的内容、调动社区学习者的多维感官、创造更加生动的学习环境和更佳的学习体验，从而优化其认知过程。

多元化网络教学空间的渗入，向社区学习者提供更加丰富的学习资源和更加个性化的学习方式，打破传统社区教育模式的时空局限性。对于社区而言，可以吸引更多的社会人群参与到社区的教育学习中，进一步提升自身的文化素质水平。多元化的网络教学空间的介入可以有效提高社区的教学效率，并有效降低社区教育的成本投入。对于高校而言，通过社区辐射进一步将本校的优质教学资源用于社会服务中、促进优质资源的共享共用，提升高校的社会服务属性。

6.3 公司辐射

现代信息技术在当代社会中已经成为企业生产和发展等方面必不可少的技术基础，不同的企业依据其业务特性不同，对信息技术有着不同的应用需求与依赖，但都离不开信息技术的支持。通过信息技术与公司、企业的深度合作，利用高等教育的信息技术长处，向企业输送技术创新和专业性人才，可以提高企业的软实力，帮助其在激烈的行业竞争中获得更多的竞争优势，促进企业的经济增长，满足市场发展需求。

高等学校信息化工作人员可以深入公司，为其进行信息安全和信息技能培训。通过组织信息技术人员深入公司开展先进信息技术经验和技术的交流与传播，促进技术创新与高等教育相结合，实现技术创新与企业发展之间相互影响、相互促进。也为企业在日益激烈的市场竞争中拓展并占据更多的市场份额寻找到重要的支撑，为企业能够紧跟时代潮流实现发展壮大提供了可行的办法。

下篇　网络教学空间实践研究

高校网络教学空间是在不断探索研究中逐渐完善起来的。经过十余年的努力和学校教学改革、质量工程、协同育人等专项支持以及对网络教学空间的建设和应用进行了大量研究，研究成果获得了校内外的肯定，“教师教育技术培训创新教学模式的研究与应用”获得省级教学成果二等奖。本书下篇对作者参与的西南石油大学省级、校级相关研究项目进行了介绍。这些研究与实践，清晰地展现了信息化发展的脉络，一方面是对信息化团队工作的总结，另一方面也为同行们提供参考。其中第 7 章是对信息化工作的一个全面梳理，涉及高等学校信息化相关的方方面面。第 8 章是对教学信息化的实践者即每一个普通教师信息素养的关注。第 9 章为信息化服务体系的研究。第 10 章、第 11 章则是对于新的教学模式应用的探究。第 12 章是在第 8 章的基础上进一步提升教师教学能力的研究。第 13 章是对多媒体教室和计算机机房主机管理新方式的应用研究。第 14 章为教育大数据基础设施构建的思考。

7 以信息技术为基础构建多元化的网络教学空间

7.1 背景及思路

7.1.1 研究背景

随着信息技术高速发展，高等教育改革遇到空前挑战。基于信息技术的多元化网络教学空间构建研究与实践，就是拟将技术融入高等教育的课堂中，通过基础信息化环境建设、基础支撑平台建设、业务管理平台（管理、教学、学工、分析决策）建设和教学资源建设，改善教学条件、改变教学模式、改革教学理念和改良教学环境，全方位推进学校教育信息化建设，提高教学效果。

7.1.2 研究的总体规化和基本思路

7.1.2.1 研究与改革的总体规化

以“构建网络化、数字化、个性化、智慧化的教育教学体系，建设‘人人皆学、处处能学、时时可学’的学习环境，培养大批创新人才”为发展目标，按照“服务全局、融合创新、深化应用、完善机制”的原则，顺应信息时代发展需求，加快转变发展理念，各方重视，多方参与，稳步推进学校的教育信息化各项工作，更好地支撑教育改革和发展，更好地推动教育思想和理念的转变，更好地服务师生信息素养的提升，更好地促进学生的全面发展，形成与教育现代化发展目标相适应的教育信息化体系，充分发挥信息技术对教育的革命性影响作用。以教育教学为中心，认真贯彻和落实学校各项决定，调动一切积极因素，解放思想，更新观念，抓住机遇，促进教育科研工作的快速发展，为全面推进学校教育改革，提升学校教育信息化水平，提高教育质量做出应有的贡献。

7.1.2.2 基本工作思路

首先选择部分高校对教育信息化的基本情况进行调研，分析存在的问题，并以此为切入点分别运用信息技术优化教育教学软硬件空间、运用信息技术整合数字化校园空间、运用信息技术开放和扩展教学资源空间、运用信息技术开拓教师信息素养提升空间、利用无线网络开创移动学习空间和运用信息技术服务社会拓展辐射空间，提出解决问题的方案和措施。将这些方案和措施有针对性地进行实践试点，根据反馈结果，再逐步进行修改完善，直至取得较为理想的效果。对试点成果进行总结提炼，形成相对固定的多元化网络教学空间构建模式，最后完成总结报告的撰写。

7.2 目　　标

信息技术对教育发展具有革命性影响，这种影响只能在教学实践中发生，很多学者在教育信息化发展的理论方面做了大量研究，取得丰硕成果；但在实践研究方面，能够深入进行多元化网络空间构建研究与实践的较少。近年来开放课程、大规模在线课程、移动智能终端技术和物联网技术等的发展对现有教学产生巨大冲击，教学要素之间的关系已悄然变化，但许多高校仍然沿用传统的教学手段，教育体系矛盾重重。通过对学校教学信息化中主要矛盾的调查分析，构建具有推广性的多元化网络教学空间，进行整合资源、开放共享、服务教学和技术支撑的研究与实践是本试点的目的所在。以构建学校多元信息化教学空间为契机，改善教学条件、改变教学模式、改革教学理念和改良教学环境，全方位推进学校教育信息化建设，同时为同类型高校进行相关研究与实践提供借鉴和参考则是本试点的意义所在。

7.3 研究内容

7.3.1 开展的总体情况

在对省内外部分高校教育信息化情况进行了调研的基础上，充分利用信息技术构建一个适应学校教育发展需要的多元化网络教学空间，即实现教学环节数字化、网络化、信息化和智慧化，进行校内分散资源的有效整合、开放共享，形成信息技术教学服务体系，为教学全过程提供有力的技术支撑，从而提高师生的工作效率和学习效率，提升教学质量与人才培养质量。使学校信息化建设水平、管理水平、推广力度和信息化服务能力都有较大提升，满足了教学、科研、管理、生活对信息化建设的需要，基本达到了四川省普通高等学校信息化工作参考指南和我校信息化规划建设预期目标。一个基于信息技术的多元化网络教学空间已经在学校初步形成。

7.3.2 过程

“多元化”我们可以从内容和形式两个方面来进行，即教学内容的多元化，利用网络丰富各种教学内容；教学形式的多元化，转变教学观念，将一些先进的教学方法引入到日常教学中。“网络教学空间”也是一个包容性的空间，在这个空间中一方面包含了信息化教学的基础环境，如有线、无线网络，服务器，数据中心等，另一方面包含了信息化的管理机制，还有网络教学平台、网络教学资源库以及对社会的辐射。未来的实践将证明，这场教育教学的空间革命，将成为驱动教育教学理念模式发生深刻变化的引擎，更是学校推进信息化、国际化的新动力。本研究将从运用信息技术优化教育教学软硬件空间、运用信息技术整合数字化校园空间、运用信息技术开放和扩展教学资源空间、运用信息技术开拓教师信息素养提升空间、利用无线网络开创移动学习空间和运用信息技术服务社会拓展辐射空间等 6 个方面进行试点。

7.3.2.1　运用信息技术优化教育教学环境空间

通过更新和完善学校的基础硬件设施，如网络设备、服务器和存储设备，为学校的信息化应用提供强大而又稳定的环境保障。

如图 7-1 所示，校园网络完成了核心路由交换设备、汇聚交换设备以及接入层设备的更新升级，实现了校园数据主干网万兆以太网络技术，千兆到桌面的基础链路带宽提升。

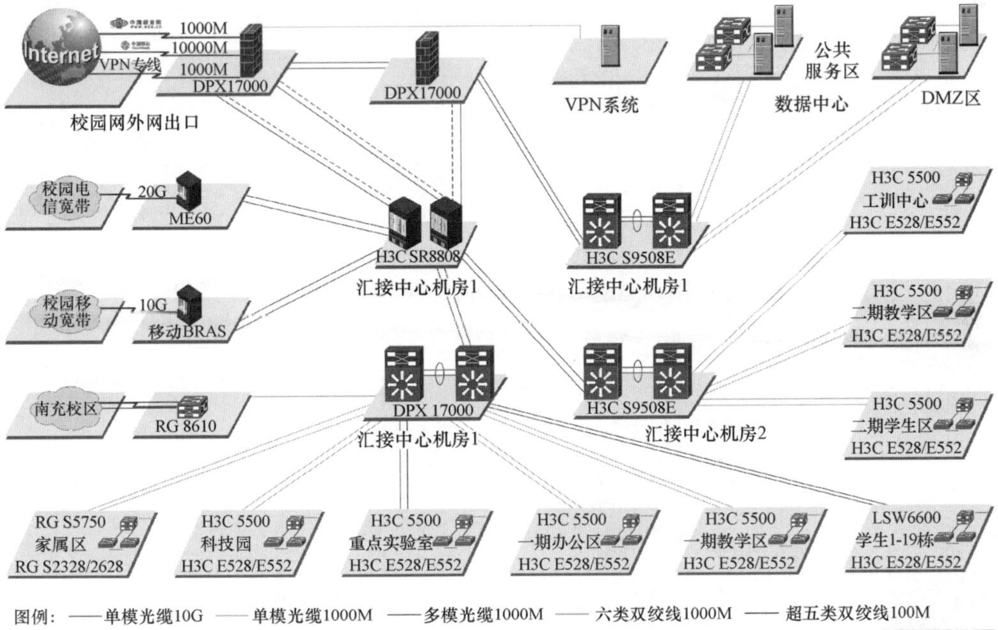

图 7-1　核心路由设备升级后的网络拓扑

扫二维码看彩图

完成了校园网用户认证计费系统的升级改造（见图 7-2），实现了用户角色管理，用户数据实时备份和认证服务热备等功能，使得校园体系架构更加开放。

如图 7-3 所示，完成了校园网出口设备的升级改造，提升了 CERNET、ChinaNET

图 7-2　新版认证系统

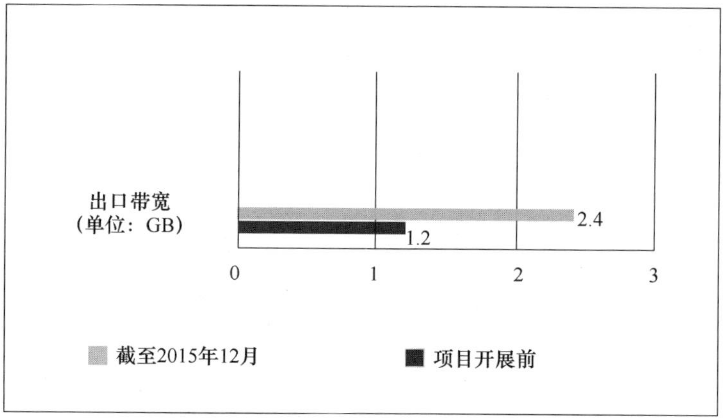

图 7-3　校园网出口带宽对比图

和 CNCNET 3 个出口接入带宽，总带宽翻了一番超过 2. 4GB。

数据中心（IDC）完成电源系统更新，确保断电后 2 小时的持续供电（见图 7-4）。

如图 7-5 所示，建成一套基于虚拟化技术的高性能高可靠的分布式硬件支撑平台，解决了虚拟化平台硬件吞吐性能瓶颈。

建成 Web 防火墙、数据库安全审计系统、漏洞扫描系统，进一步增加了安全防护与预防监控能力（见图 7-6~图 7-8）。

图 7-4　更新后的电源系统

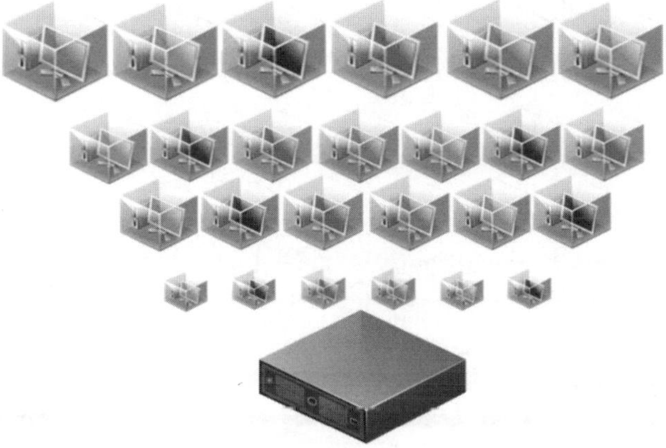

图 7-5　高性能平台示意图

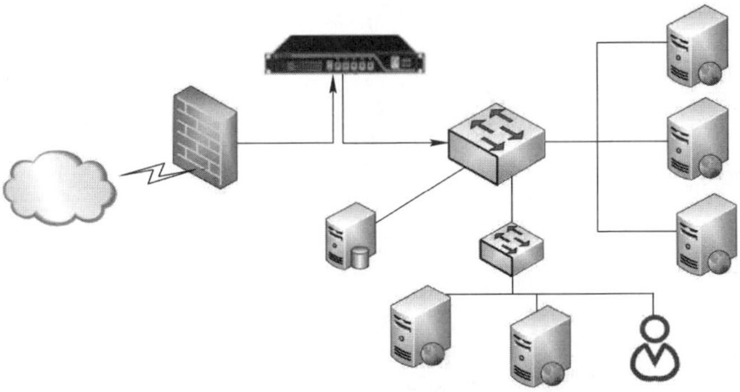

图 7-6　Web 防火墙结构图

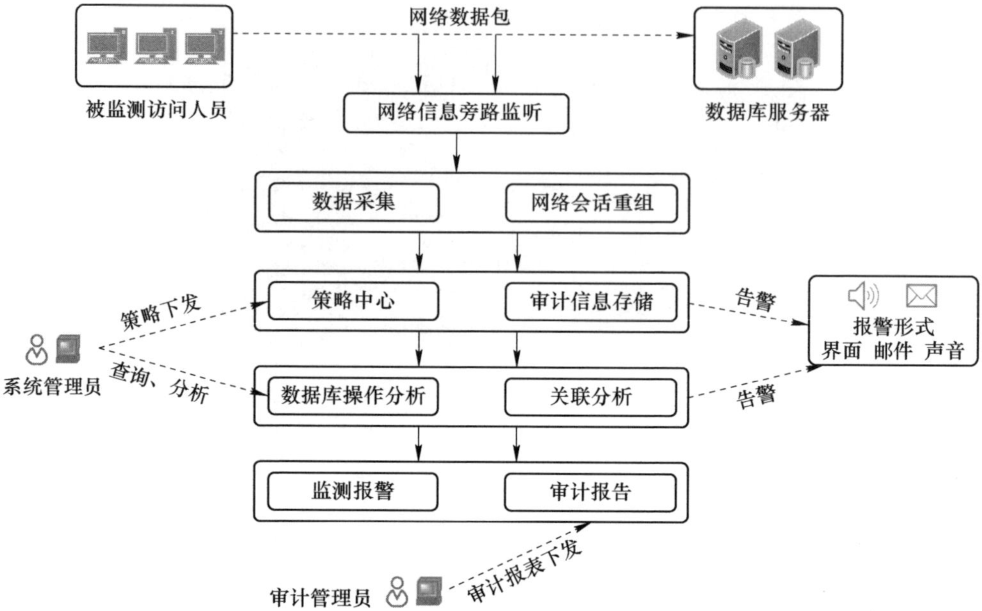

图 7-7 数据库安全审计系统结构图

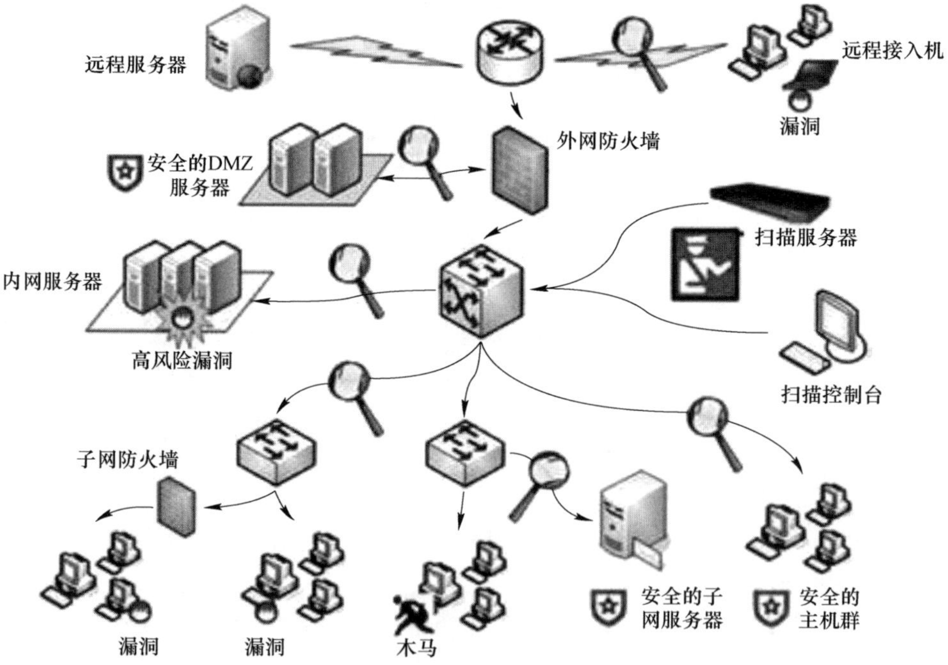

图 7-8 漏洞扫描系统结构图

引进了 NBU 统一备份平台、站群及网页防篡改系统等，进一步提高数据统一管理集中保护的能力。

如图 7-9 所示，数据中心配置 8 路服务器 4 台，4 路服务器 9 台，2 路服务器 28 台，一套 8 节点高性能分布式硬件平台，支撑校内 20 余个业务系统，170 余个网站，提供业务存储空间 92TB，教学资源存储空间约 83TB 以及重要数据备份空间约 28TB。

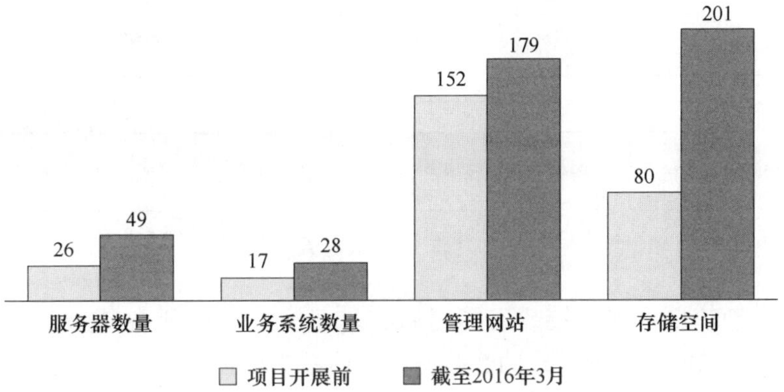

图 7-9　数据中心建设对比

7.3.2.2　运用信息技术融合数字化平台空间

学校的教育教学涉及方方面面，每一方面都需要相应的平台或系统支持。在数字化平台空间的构建中，应加大公共支撑系统、公共服务系统、管理信息系统、教学管理系统和辅助教学及资源平台的建设，运用信息技术实现空间融合。

所建各级各类信息系统如下。

(1) 公共支撑系统。统一对全校信息系统用户进行认证管理，统一全校信息服务入口，为各应用系统提供统一的数据交换平台，同时为各业务系统提供通信、支付等基础服务（见图 7-10）。

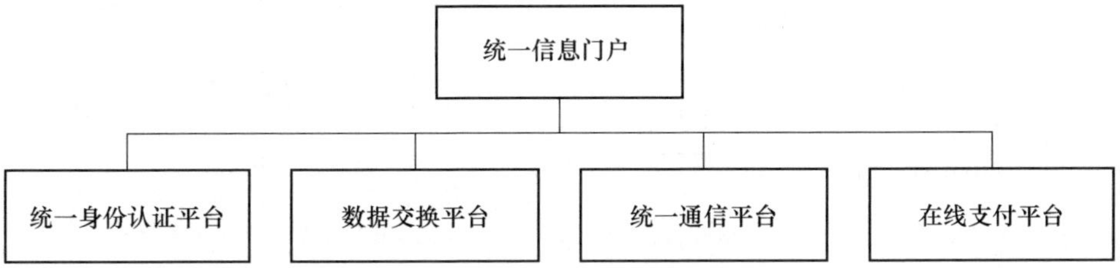

图 7-10　公共支撑系统

（2）公共服务系统。面向全校师生构建重要的公共信息服务，主要包括了通信、网站管理与发布、校园生活等服务，以及全校共用且与职能部门业务系统相对独立的应用系统（见图 7-11）。

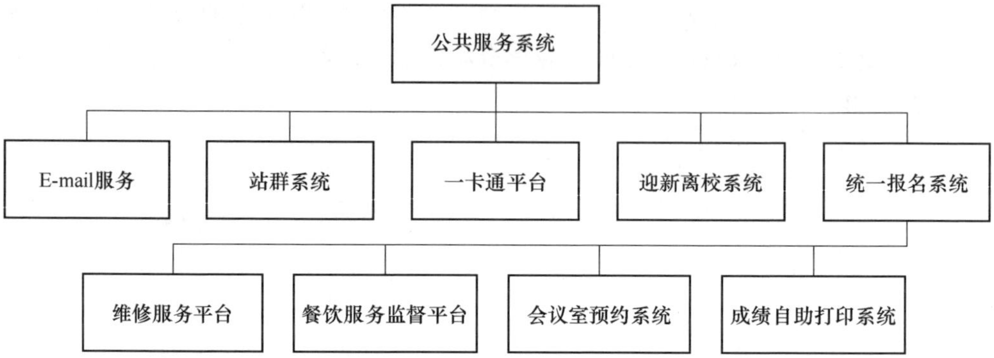

图 7-11 公共服务系统

（3）管理信息系统。较政府管理而言，高校人员数量不多，业务主要集中在教学科研。但由于管理模式的影响，高校内部管理仍然错综复杂，利用信息化手段提高管理效率和治理能力，是构建管理信息系统的目的和意义所在（见图 7-12）。

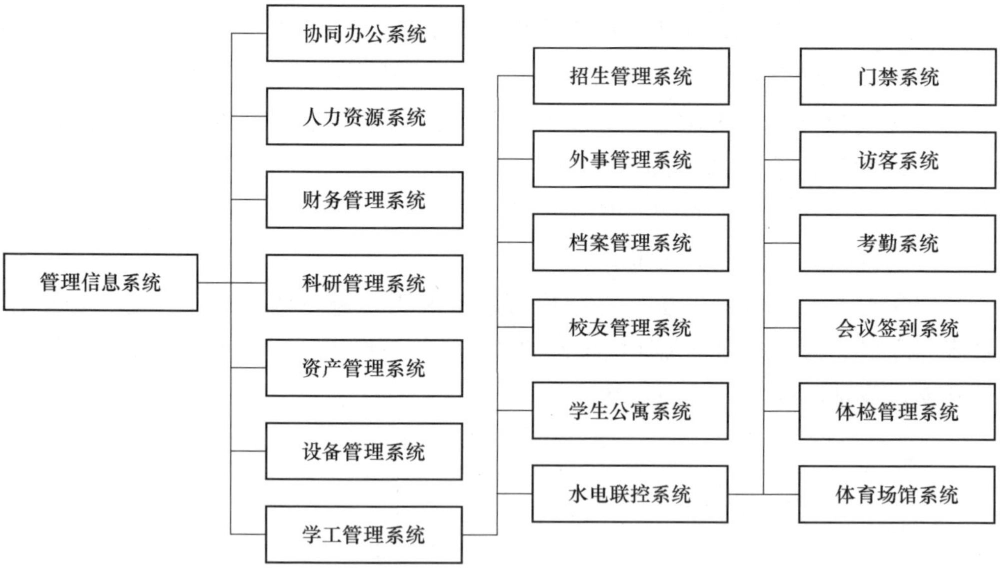

图 7-12 管理信息系统

（4）教学管理系统。在信息化服务于高校众多管理工作过程中，教学管理尤为重要，这是由学校人才培养中心任务决定的。在实际工作中，我们搭建了本科、研究生、继续教育等不同层次的教学管理系统，以及针对实验和实践活动的教学管理系统（见图 7-13）。

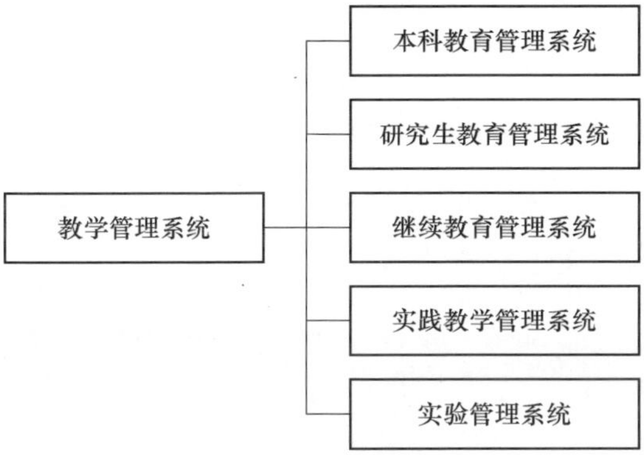

图 7-13　教学管理系统

（5）辅助教学及资源平台。数字化教学资源是信息化教学的重要支撑，一方面为各类资源的分类聚合和有效管理提供依托，同时为课前、课中和课后的教学应用提供手段（见图 7-14）。

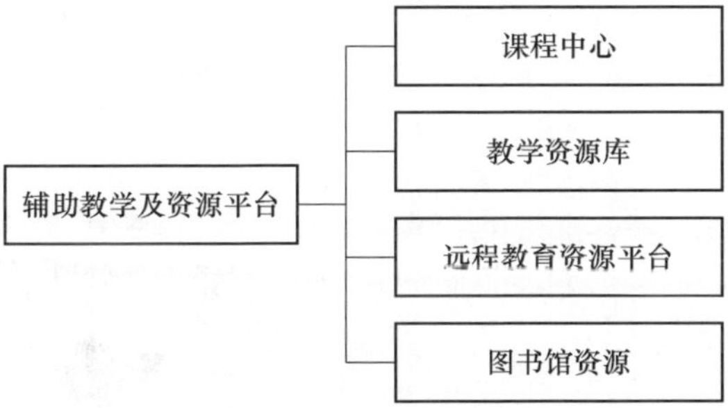

图 7-14　辅助教学及资源平台

7.3.2.3　运用信息技术整合与开放教学资源空间

教学资源库建设是一个动态过程。学校教育信息资源库，既要为教师备课、上课服务，提供各种教学辅助资料、优秀案例、教学用多媒体课件和素材，还要为学生服务，提供优秀教师的教学辅导和学生自主学习的资源。教学信息化资源库建设面向学校骨干专业，以核心课程和平台课程为重点，建设体现教育教学改革最新成果和特色的、开放共享型的教学资源库。

如图 7-15 所示，建成数字媒体资产管理系统，数字化各类音视频资料 2 万余分钟，全程录像课程 46 门，在项目研究期间一门获国家级资源共享课，6 门获四川省级资源共享课。部分录制课程如图 7-16 所示。

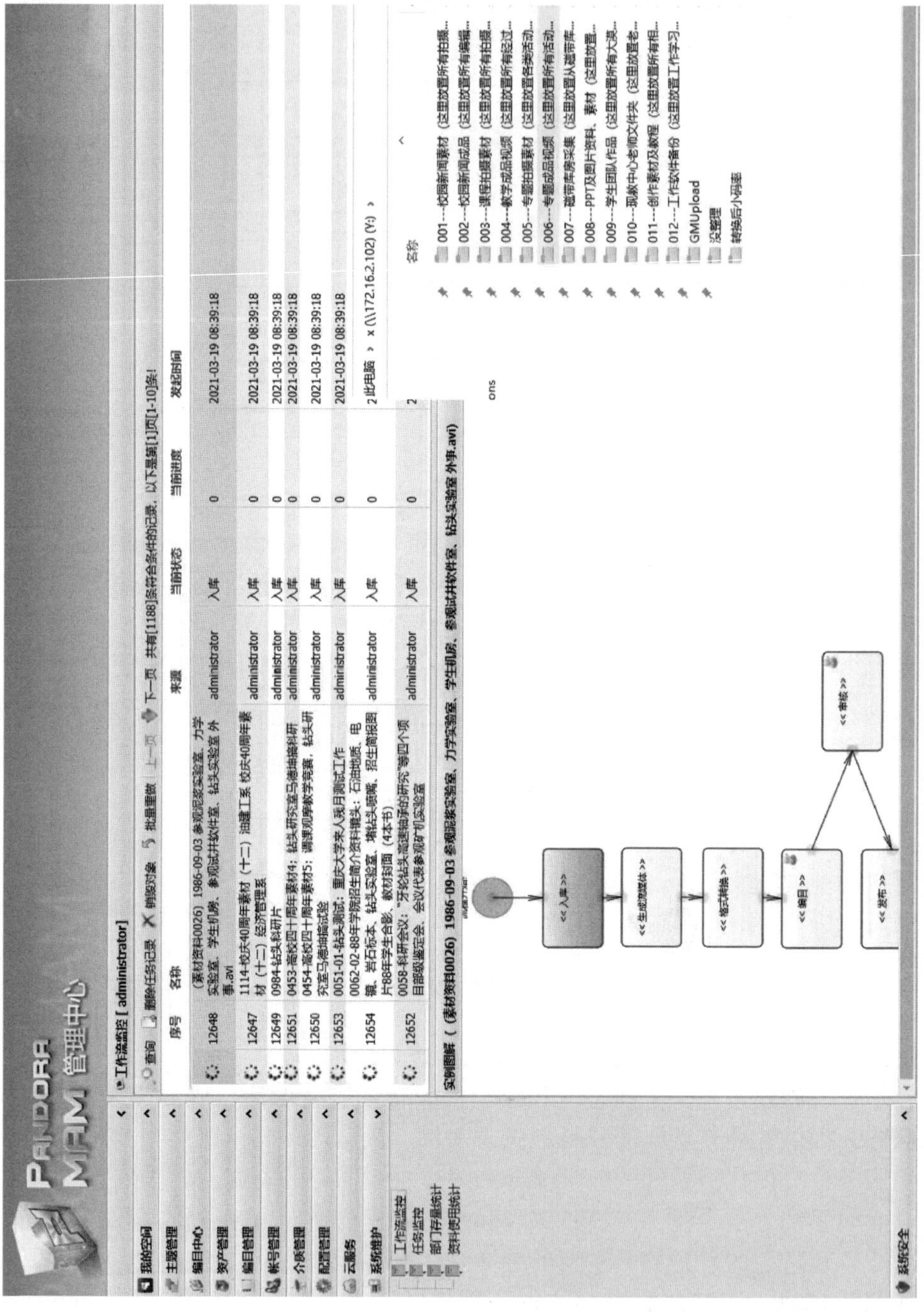

图7-15　媒体资产管理系统

序号	课程名称	学时
1	数据库原理	52
2	数字电子技术	56
3	构造地质学	50
4	传感器原理与设计	24
5	混凝土结构设计原理	18
6	自动控制原理	58
7	油藏工程	56
8	电力电子技术	36
9	管理信息系统	40
10	采油工程	37
11	机械制造基础	28
12	民法学建成数字媒体资产管理系统，数字化各类音视频资料2万余分钟，全程录像课程46门。引进超星网络教学平台。	80
13	数据库技术及应用	28
14	化工原理	98
15	油气田应用化学	14
16	油气管道输送	12
17	石油工程通论	13
18	钻井与完井工程	10
19	刑法总论	12
20	刑法分论	12
21	核测井方法原理	60
22	大学英语	84
23	大学物理	56
24	基础英语	160

图 7-16　部分录制课程

建成的西南石油大学课程中心如图 7-17 所示，中心不仅可以开展辅助教学，翻转课堂，纯网络教学和网络修学分等多种教学模式，还支持精品课程建设和评

图 7-17　课程中心

审、分级管理教学、质量工程与评审，可以满足师生随时随地的移动学习，访问个性化学习空间。

建成统一的教学资源入口，方便教师、学生能够方便地对资源进行访问。教育信息资源中心如图 7-18 所示。

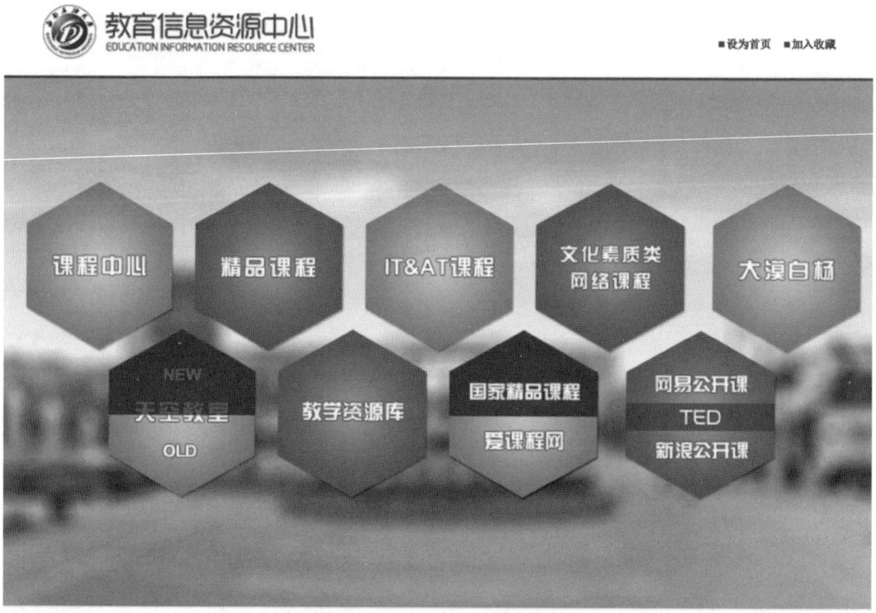

图 7-18　教育信息资源中心

7.3.2.4　运用信息技术开拓教师发展空间

在教学信息化工作方面，信息技术能很好地服务于一线教师，开拓教师发展空间。为教师提供一个多元化的教学空间，在空间中教师能够方便地进行基于信息化的教学实践与研究，提升他们的专业技能，拓展他们的发展空间，利用录播教室提升教师课堂教学能力，利用网络教学平台拓展教学空间等。

学校设立了“课堂教学质量奖”评选活动，该活动每年一度，在全校范围内甄选各院系推送的优秀课堂教学教师进行参赛和角逐，推动了全校教师课堂教学能力的发展。项目组对比赛均进行了课程录像，录像在视频点播平台上供全校教师学习。广播级高清录播教室如图 7-19 所示。项目积极支持教师进行教学改革与参加教学比赛，在全国第二届高校微课比赛上，项目组制作的 3 门微课获得了国家级奖励。另外在全国辅导员技能大赛、全国数学微课大赛、四川省军事教学大赛等比赛上为选手制作的视频课程均获得了奖励。

7.3.2.5　利用无线网络开创移动学习空间

校内建成覆盖教学区和学生宿舍区的无线网络，如图 7-20 所示，教师可通

图 7-19 建成广播级高清录播教室

过工号免费上网，学生可通过学号访问校内资源。认证平台为开放平台，学生可选择任意无线互联网服务提供商。

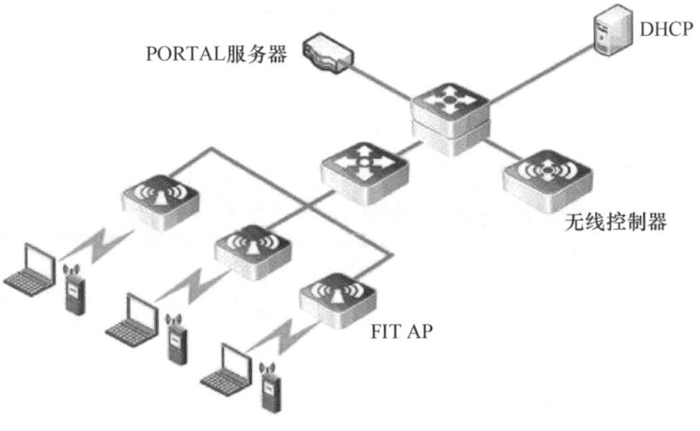

图 7-20 校园无线网络拓扑

7.3.2.6 运用信息技术服务社会拓展辐射空间

本研究将继续立足自身特点，从学科积淀和专业优势出发，着力提高教育质量走特色发展之路，多管齐下，积极开展各种形式的培训，拓展社会服务空间。同时，大力开展非学历培训，不断提高服务社会的能力。学校将继续完善培训项目，为地区培养更多的石油行业人才，拓展学校的辐射空间。

项目开展过程中多次深入社区、公司和军队，为其进行信息安全，信息技能培训。为继续教育与网络学院开发 5 门基于微课理念的网络课程，供线上学习使用。图 7-21 展示了为军队提供信息化培训的上课情景。

图 7-21 为军队提供信息化培训

7.4 组 织 协 调

7.4.1 配套政策

7.4.1.1 建立了可持续发展的教育信息化组织保障体系

设立专门的教育信息化组织管理机构——信息化推进办公室，落实机构设置、人员编制和专项经费，配套相应的管理制度，形成自上而下统一的教育信息化组织保障体系。建立全面负责学校信息化组织、管理与协调工作的“学校信息化推进工作组”，由主管教育信息化副校长担任。建立符合教育信息化发展规律的建设机制与运行机制，确保教育信息化的可持续发展。

7.4.1.2 建立多元化的教育信息化经费投入机制

鼓励多方投资，形成了多元化投资格局。一方面争取中央支持地方高校建设资金投入，另一方面争取地方教育经费投入，还有就是引入社会资本投入，学校一卡通系统由中国银行出资新建。

7.4.1.3 大力推动信息技术与教育发展的融合

深入开展各类教育教学关键应用，大力推动信息技术与教育教学的融合。积极推进多媒体教学、混合学习和在线网络学习，实现信息技术与教育教学的有机结合和深化应用。通过应用激励政策、应用有效性课题研究进一步深化信息技术对教育变革与发展的推动作用，促进教育质量提高。

7.4.1.4 建立教育信息化资源共享机制

加强教育信息资源的统筹规划、协调建设与管理，建立和完善优质教育信息资源开发、遴选和利用体系，建立教育信息资源共享机制，完善知识产权保护制度，推动我校教育信息资源服务体系的形成。规范教育信息资源的采集和标准制定，实现优质教育信息资源的深度开发、及时处理、安全保存、快速流动和有效利用。

7.4.1.5 建立教育信息化创新人才队伍的培养激励机制

围绕学校教育信息化不断发展的需要，建立相应的人才建设与培训机制。凝聚具有较高专业技术水平和政治素养的教育信息化专业人才，建设教育信息化专业建设队伍。进一步深化信息化人才培养模式改革，加强师生信息化素养培养和教育信息化专门人才的培养。

7.4.2 保障措施

7.4.2.1 经费支持保障

以政府教育投入为主，学校自筹、社会资助为辅。建立健全教育信息化财务制度。从学校实际情况出发，制定校园教育信息化建设发展规划，做好每年年初预算。有计划、有步骤、合理地进行基本建设和维护管理，提高经济效益。

7.4.2.2 培训发展保障

构建一套校外培训和校内培训相结合，重点培养和普遍提高相结合的教师教育信息化技术培训模式。拓宽培训渠道，邀请有关专家学者到我校举办信息教育技术专题讲座，促使教师转变教育观念，提高教师对教育信息化技术应用的认识水平，组织教师到省内先进学校观摩优秀教师的计算机辅助教学实验课以及网络教学探索课，订阅省级以上教育技术刊物，让教师学习教育信息化技术理论。

7.4.2.3 机制健全保障

建立各项保障机制，以激励机制为主，对教师信息技术考试、制课件、参赛获奖的，要予以表扬、奖励，形成有利于教育信息化发展的激励机制和环境氛围。

7.4.2.4 制度规范保障

在推进教育信息化建设过程中，应以国家相关的政策法规为基础，根据学校实际情况，不断完善本校教育信息化的有关工作条例，技术标准，操作规范等规范性文件。做到高水平、高标准、高要求、有计划、有目的、有步骤地推进教育信息化和现代化建设。

7.4.2.5 队伍支撑保障

建设一支既懂信息技术，又懂业务的复合型信息技术支撑队伍。学校在人员编制、稳定队伍等方面给予充分的考虑。通过引进、培养、实践锻炼等多种方式，形成一支能够全身心投入教育信息化校园建设与维护工作的稳定的技术支撑队伍。开展对教师和管理人员的信息系统使用培训，建立学校信息系统服务队伍。

7.4.3　责任主体

明确“学校信息化推进工作组”为教育信息化试点的责任主体，负责全校教育信息化的宏观设计，政策制定，过程监控，效果评估等工作。另外“信息化推进办公室”为具体实施机构负责计划的执行，确保教育信息化工作能够高效、扎实地进行。

7.5　主要成效

7.5.1　利用信息技术促进学校管理

通过多元化网络教学空间的构建，规范了学校的教育教学管理行为，提高了行政管理、教学管理的效率，学校的治理体系和治理能力得到进一步提升。

7.5.2　利用信息技术转变教学模式

7.5.2.1　建成学校全新一代的网络教学平台（课程中心）

网络教学平台等建成促进信息技术与教学的深度融合，为实现教学信息化改革提供了环境保障、技术支持和评价服务。使传统的教育模式向着新的培养人才模式转变。

7.5.2.2　创建学生参与的技术管理团队和专业研究团队

通过学生团队的建设，尝试开展了多元化教学空间的构建为实现教学的个性化搭建平台；研究了以学生为中心的学习形态以及教育教学模式转变及其方法手段创新，重新建立了教师在教学中的角色定位及其与学生之间的学习关系。

7.5.2.3　给学生提供方便的学习和实践空间

封闭式教育向开放式教育过渡，及其教育教学的开放性和连续性的问题。强调发挥学生在教学中主体性地位及其重要作用，研究衡量和评价整个教学过程的重要指标。特别是一方面鼓励学生利用信息技术手段主动学习、自主学习，增强运用信息技术分析解决问题能力；另一方面鼓励教师利用信息技术手段更新教学观念，改进教学方法，提高教学质量，探索发现和培养创新人才的新途径。

7.5.2.4　完成对教育资源及其运用规律的认识、研究和应用研究

完成对教育资源及其运用规律的认识、研究和应用研究要解决 3 个方面问题：（1）解决教育与实践相结合，加强教学的开放性和实践性。学生不仅直接获取来自学科最前沿的信息资源，而且能够将获取的信息投入学习实践，提高社

会实践能力；（2）坚决确立以学生为主体的教学观，让学生主动参与到师生交互的学习方式；（3）研究个性化教学资源的形成问题。

7.5.3　利用信息技术提高教育质量

7.5.3.1　全校性网络教学平台（课程中心）建设和应用

建设了全新的网络教学平台，为师生开展信息技术在教学活动应用、移动学习等提供基础保障。截至 2015 年 12 月该平台活跃课程已达 500 余门，参与课程的学生达到 30000 多人次，在学校有广泛的影响。该课题以本校计算机科学学院为研究对象，利用网络教学平台上《大学计算机基础》的慕课，进行翻转课堂教学尝试，取得了良好实践效果。此外，还建立了一批教学资源共建共享平台，包括精品课程、IT&AT 课程、教学资源库等。

7.5.3.2　全校性公共课的网络课程建设

该研究项目实验性地在网络教学平台下建设了 Premiere Pro 2.0 影视制作艺术和数字摄影技术与艺术两门课程，并开展了多元化教学方法应用研究，参加上述课程的选课学生每学期共计达到接近 300 人。参加课程学习的学生在一些摄影比赛，视频制作比赛中取得了较好的成绩。

7.5.3.3　信息技术教研室建设和多元化网络教学空间

该研究课题以信息技术教研室为基础，开设全校性的公共课 4 门：计算机维护与实用技术、网络设计与应用、数码色彩设计、Photoshop 艺术，参加选课学生每学年共计 400 余人。充分利用了教辅部门的优势，发挥了资源的最大效益，为全员育人增加了生力军。

7.5.3.4　计算机基础实验室建设和多元化网络教学空间

该研究项目在计算机基础实验室开展了多元教学实验活动，结合成果研究方向，2013—2016 年为全校学生开设了 64 个实验项目，参加学生约 300 多人。这些实验项目内容均来自成果研究实践。

7.5.3.5　学生社会学习（研究）实践团队和多元化网络教学空间

该成果在学生网络和一卡通维护管理学生团队、网络技术安全工作学生团队、教学资源开发服务团队等开展了多元化教学应用，共计参与学生 200 多名。参与网络维护学生团队学生在服务于他人过程中，不仅认识了别人同时也认识了自己，思想素质明显提高。网络安全工作学生团队以相关电子类专业（如通信工程、计算机技术等）学生为主，在学习课堂专业知识的基础上，直接参与学校校园网运维管理，学以致用的同时也发觉自己的能力不足。

7.5.3.6　同行学习交流

试点项目开展以来四川农业大学、四川音乐学院、绵阳市电教馆等高校和单位先后到西南石油大学进行信息化专项交流活动，向兄弟院校介绍了该项目的成功之处和曲折之点。成功举办了“创新管理体系，打造智慧校园”为主题的全国第六届石油高校信息化协作研讨会，对学校教育信息化取得的成果进行了展示和分享。

7.5.4 取得的成效

历经三年的研究与实践，成果研究团队建立了全校性的网络教学应用平台，为师生创新教育教学思想、开展新的教学手段、方法、尝试移动学习等提供了实践环境；高校的校园网作为基础教学设施可以直接运用于教学活动；高校现代教育技术中心（或者网络信息中心）及其技术人员作为学校的教学资源可以参与学校的教学活动。其成效主要体现在以下几个方面。

（1）教育信息化公共基础设施服务能力得到提升，体系架构更加开放，安全保障进一步加强，基本适应学校信息化建设需要。

（2）教学信息化设施与数字资源建设基本满足学校教育教学活动需要，部分教师开始了利用信息技术，创新课堂教学的尝试，学生也投入到信息化建设进程中既解决信息化建设人员不足的问题又提升学生实践能力，实现了全员育人。

（3）管理信息化建设与推进工作初见成效。数据交换中心投入使用，管理信息系统普遍升级，公共服务系统基本建成。

7.5.5 创新点

7.5.5.1 基于信息技术创设了多元化网络教学空间构建模式

模式改变了学生课堂学习（包括固定化的课程实验课）和实践脱节的传统学习方法。该模式下学生在校期间可以参与一定的社会和专业实践，并从中完成自我认识和评估。以学生为中心开展的多元化教学实践，就是要在思想认识、专业培训、社会实践等方面，实现培养人才模式的转变。该模式教学内容和教学形式的多元化是指立足学校现有的教学、教辅、管理和服务等各方面资源，在提高学生思想品德和专业知识技能方面提供充足空间环境。

7.5.5.2 创建了以学生为中心的和实现教学的个性化平台

在要求教育教学模式转变及教育教学方法手段创新下，除了重新对教师在教学中角色定位外，还提出了教学辅助人员在教学中角色的定位，以及上述人员参与教学并与学生之间的合作关系问题。

7.6 应用前景

本试点研究成果的核心价值是其构建的多元化网络教学空间模式。提出了一条以学生为中心（学生思想教育和专业学习），调整教师（包括教辅人员）与学生关系，整合资源、服务教学和技术支撑的解决方案。由于这个解决方案是对具体实践活动的总结，因此，本项目的研究成果不仅满足我校的现实需要和长远发展，而且也可以为其他高校进行教育教学改革提供重要的参考。

7.7 进一步研究的思路

经过数年努力，学校信息化建设已经取得显著进展，为教育信息化的发展奠定了坚实基础，但与广大师生的需求相比还有一定差距，尤其是校级辅助决策方面差距较大。

项目进一步从以下几个方面开展进一步研究：

（1）强化对信息化的认识，发挥师生员工的主体意识，转变陈旧观念；

（2）建立起可持续的高效运行机制，有效推行顶层设计；

（3）各业务系统已初具规模，加强对应用进行推广；

（4）大力推进教学信息化，让教学改革真正从课堂开始。

8　教师教育技术培训创新教学模式的研究与应用

8.1　背景及思路

8.1.1　立项背景

在信息社会中，高校教师的教育教学工作与现代教育技术的联系越来越紧密，各种现代教育技术（教学设计、课件制作技术、网络应用技术和多媒体技术等）在教学中的应用越来越普遍，并对高校的教学活动产生了重要影响。对高校教师进行教育技术培训是提高其现代教育技术应用能力和水平的有效手段，并能有效地促进教学效果的改善，高校教师教育技术培训工作的开展是必要而且重要的。教育技术培训工作的积极开展有利于提高教师在教学中应用现代教育技术能力和水平，有利于减轻教师的教学负担，有利于高校教学质量的提高。

随着教学理论的不断完善、信息技术的发展进步，高校教育技术培训和其他的高等教学工作一样，面临着机遇与挑战，在一定程度上需要进行教学改革。结合学校的实际情况，将各种成熟完善的教学理论、先进主流的信息技术与学校的教育技术培训工作相结合，并探索出一套切实可行并具有创新意义的教育技术培训教学模式和操作方案，将有利于今后学校教育技术培训工作的顺利开展，并为其他各级各类兄弟院校的教育技术培训提供借鉴与参考，这是本项目研究的出发点。

例如西南石油大学现代教育技术中心（现网络与信息化中心）是“全国高等学校教育技术协作委员会”于2005年10月正式授权的“教育技术培训中心”，是学校教育技术培训工作的具体实施单位。早在2003年，西南石油大学的教育技术培训工作已经正式启动，并顺利完成了2003—2005年3届的教育技术培训工作，这3年教育技术培训工作的实践为本项目的研究奠定了基础。

8.1.2　研究与改革的指导思想和基本思路

项目研究工作以2003—2005年前3届教育技术培训为基础，以“教育技术培训过程”（如图8-1所示）为对象，并从“培训管理运行机制”“培训内容”

和“培训方式”3方面入手进行教育技术培训工作的改革，并在2006—2008年3届的教育技术培训工作中将项目研究的阶段性成果加以应用和检验，以提出一套合理的、适合本校目前实际情况的教育技术培训模式。

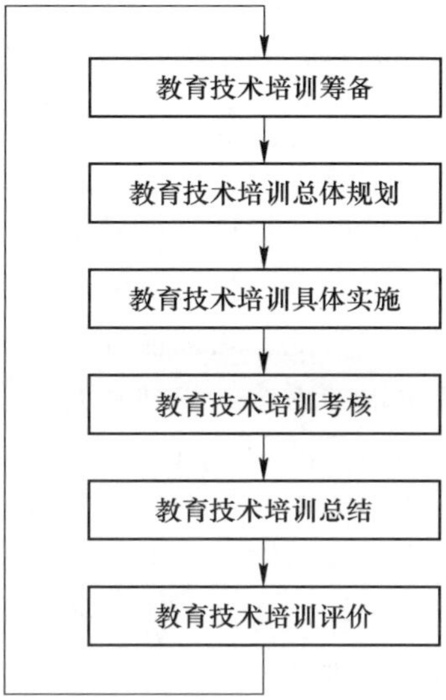

图8-1　教育技术培训过程

教育技术培训过程的周期依据学校的实际情况，初步确定为一学年度，每一学年度完成一轮教育技术培训工作，使学校的教育技术培训工作步入正轨，进入良性发展的过程。

在项目研究过程之中，以“素质教育”“创新能力培养”和“终身教育”等现代教育观念为培训指导思想，以教育学、心理学、传播学和系统论等教学理论作为培训理论基础，重视教师教学理论水平、教学实践能力和教师综合素质等的全面提高。

在参考“全国高等学校教育技术协作委员会”制定的“高等学校教育技术等级培训大纲”的同时，结合学校的实际情况，制定培训方案，开展具体的培训实践活动。分析总结往届培训过程中的经验与不足之处，针对培训过程之中存在的问题进行修正和改进，形成一套行之有效的教育技术培训教学模式。

8.2　项目研究与改革实践

该项目研究工作的开展基于学校近几年来的教育技术培训的具体实践，在此基础之上，主要从培训管理和运行机制、培训内容和培训方式3方面进行教育技术培训教学模式的研究和改革工作。

8.2.1　培训管理和运行机制的研究

合理的培训管理运行机制是教育技术培训工作能顺利开展的重要保证，在教育技术培训开展的初期，存在培训管理机制不够合理，运行机制不够灵活等问题，使得教育技术培训过程之中存在一系列问题，如培训组织不到位、教师对教育技术培训重视程度不够、教师参与教育技术培训的积极性不高、教育技术培训需求不够明确以及教育技术培训效果不佳等问题，有必要对其进行改革，以形成一套高效的、适合于学校实际情况的管理运行机制。

在管理层面上，教育技术培训是一种全校范围内的培训活动，基本普及学校各个二级部门和院系，培训范围广泛，培训任务较重。培训对象的广泛性和培训任务的困难性决定了教育技术培训工作的顺利开展离不开学校相关职能部门的共同努力和相互合作。在教育技术培训工作进行的过程之中，始终离不开人员组织、教学管理和培训需求分析等分工。培训管理部门单一化往往会造成教育技术培训运转不够灵活、授课教师结构单一、培训内容与实际脱节等问题，所以改革的入手点之一，就是形成多部门相互合作与协调的管理运行机制，以保证教育技术培训工作有序、灵活和高效地进展。

在分析学校相关部门的职能、调研兄弟院校教育技术培训管理模式的基础之上，确定了培训管理部门由人事处、教务处和现代教育技术中心共同组成，并与各院系相互合作，形成由人事处进行人员组织、教学管理和培训经费的落实、教务处和院系提出并制定培训需求、现代教育技术中心具体实施的分工明确、责任到位、多部门协作的培训管理运转机制。

从 2006 年开始，项目对原有的教育技术培训管理模式进行了改进，将“多职能部门相互合作”的新型培训管理模式应用于实践，在培训过程之中，各职能部门的功能都得到充分发挥，使得整个教育技术培训过程更加灵活，明显减轻了培训教师和培训组织部门的负担，并取得了较以往更为有效的培训效果。主要体现在以下几个方面。

（1）由于校领导的重视，人事处、教务处等职能部门的直接参与，使得教育技术培训工作的开展更具权威性和规范性，使得教职工参与教育技术培训的积极性和主动性得到提高。

（2）“多职能部门相互协作”的培训管理机制有利于各方面师资的协调工作，使得教育技术培训的师资队伍不限于现代教育技术中心的专业技术人员，还包括其他院系教学经验丰富的专家学者以及兄弟院校的同行专家。从 2006 届教育技术培训工作开始，学校聘请艺术院校图形动画专业教师讲授 Photoshop 图像处理和 Flash 动画制作课程，聘请院系教学经验丰富的教师讲授教学设计，学校教学管理经验丰富的老教授积极参与教育技术培训，举办教学经验交流、教学基本流程和要求等讲座。这种师资调动方式有利于教育技术培训队伍结构的优化以及校内各部门之间以及校与校之间的学术交流，得到了全校教职员工的一致好评，并取得了良好的教育技术培训效果。

(3) 每年度由教务处统一组织、现代教育技术中心提供技术支持和指导、各院系教师参与的多媒体课件制作竞赛活动开展得更加顺利，并与“全国多媒体课件大赛”等活动相接轨，在一定程度上提高了教师教学课件的制作能力和水平，并以此为基础，促进了各院系之间以及我校教师与全国各大高校教师之间的互相交流。

(4) 在教育技术培训工作的带动下，教务处、现代教育技术中心和各二级院系的教师积极开展精品课程和网络课堂的建设工作，由教务处统一组织、现代教育技术中心搭建管理服务器和平台并对教师进行培训、院系教师积极配合，使得学校精品课程和网络课程的建设工作顺利开展，2006—2008 学年度建成的精品课程和网络课程的数量及质量较以往都有明显提高。

培训工作的开展在学校的统一规划和部署下，培训任务由现代教育技术中心、人事处和教务处等职能部门共同承担，并与各二级院系相互配合。其中，现代教育技术中心承担培训总体规划、培训队伍组建、课程设置、网络和技术支持以及授课和考核等任务，人事处进行人员管理、统筹规划等工作，教务处和院系提出并制定培训需求建议。在各职能部门共同努力下，我校 2006—2008 年教育技术培训工作在一种新型的管理方式下顺利开展，形成了由学校统一规划部署、人事处牵头、教务处参与、现代教育技术中心具体实施、院系相配合的分工协作管理机制，教育技术培训工作的顺利开展离不开各职能部门的相互协作。

教育技术培训具体的实施单位是现代教育技术中心，中心由资源制作部、网络管理部、教学服务部和教育技术科等职能部门构成，在培训过程中，形成了由中心统一组织、培训任务分配到各科室的运行机制。其中，资源制作部承担课程设置、培训队伍组建、培训考核、培训总结和培训过程改进等责任，并与人事处和教务处等部门进行沟通和协调；网络管理部承担网络、技术以及服务支持等责任，并承担部分网络技术课程的授课任务；教学服务部提供多功能教室和设备以及多媒体技术支持，承担部分多媒体技术课程的授课任务；教育技术科为南充校区网络教育技术培训的开展提供了技术保障以及人员支持。

8.2.2 培训内容的研究

以往的教育技术培训内容注重教学理论的讲述和应用软件的基本操作，这是基于历史性的因素出发。在当时计算机、网络应用不够普及，网络资源、多媒体资源不够丰富，多功能教室和设备建设不够完善的条件下是合理的。

随着教学理论和信息技术的发展、计算机及网络应用的普及、网络与多媒体资源的不断丰富以及多功能教室及其设备的日趋完善，教育技术培训内容在围绕“现代教育技术”为中心的基础之上，必须与时俱进，进行改革。

在培训内容的改革过程中，在依照国家相关教育技术培训政策的基础之上，参考兄弟院校的培训内容，并立足于本校实际，综合考虑了以下一些因素，作为培训内容制定的出发点。

（1）培训内容总体上符合国家相关的培训政策，参考由全国高等学校教育技术协作委员会制定的《高等学校教育技术等级培训大纲》，并参考本科教育技术学专业课程内容的设置。

（2）由于学校每年度的新进教师都要参加由四川省高校师资培训中心针对青年教师举办的高校青年教师岗前培训，所以，在学校新教师的教育技术培训工作中，要避免教育技术培训内容与岗前培训内容相重复的现象发生。

（3）在石油高校校园网、国家西部大学校园计算机网、日元贷款等建设项目和学校自筹资金的支持下，学校计算机网络的建设日趋完善、网络和多媒体资源也日趋丰富，所以，教育技术培训内容应强化校园网及其资源应用方面的知识，以拓展教师在教学中应用现代教育技术的手段和途径。

（4）学校已经建成集中控制的实验教学用计算机机房数十间（近千台计算机），多媒体教室近百间，计算机机房和多媒体教室在全校范围内得以广泛使用，但在教学过程中出现了较多操作上的问题，为了使得计算机机房和多媒体教室成为教师教学的好帮手，减轻教师的教学负担，需要对教师进行计算机机房和多媒体教室操作方式和技能方面的培训。

（5）近几年学校引进的师资多数来自理工类院校，其师范技能相对较弱，所以，教育技术培训应对相关内容进行强化，开设教学设计课程、开办教学经验交流和教学管理规定及流程等知识讲座，注重新教师教学理论、教师素养和师范技能的提高。

（6）培训内容涉及教育教学理论和教育技术应用能力两方面，从理论与实践两方面提高教师教育技术的素养和能力。理论方面包括教育教学理论、教学设计和学校相关教育教学规定等，实践方面涉及教师实际动手能力的提高，如课件制作技术、精品课程和网络课程制作技术、图像处理技术、动画制作技术和数字音视频技术等。在技术性培训内容教学的同时，需要首先讲明相关技术的理论基础，再在此基础之上进行实际操作技能的培训，使得学员的实际动手能力建立在坚实的理论基础之上，对培训内容有更深层次的把握。

（7）教育技术培训内容与教师教学基本要求培训相结合，培训内容综合考虑教育技术和教师教学基本要求两方面，制定出利于提高教师教育技术能力和教学基本能力的培训内容，从教育技术和教学基本要求两方面提高教师的综合素质，从教育技术培训侧面加强学校的师资队伍建设。

（8）培训内容的选择和制定贯彻“立足实际，注重实效”的原则，在参考全国高等学校教育技术协作委员会制定的《高等学校教育技术等级培训大纲》的同时，结合本校的实际情况制定培训内容，使得培训内容在符合国家相关培训政策的前提下，又适于学校的具体情况，力求使培训内容与学校的实际以及教师自身的素质和能力相结合，达到教学内容立足实际，注重实效的要求。

（9）设计制作并分发培训内容设置相关的问卷调查表，并对回收的问卷调查表进行分析，为培训内容的制定提供决策参考。

在综合考虑以上 9 点因素的基础之上，学校对 2006—2008 年的教育技术培训内容设置进行了相应的调整和改动。培训教材采用全国高等学校教育技术协作委员会组织编写并由高等教育出版社出版的分级培训教材，培训内容设置主要分为教育心理学类（包括高等教育教学规范、教学设计、高等教育中的教育技术、教学的基本原理等内容）、计算机和网络应用技术类（包括网页设计、网站制作、图像处理、动画制作、音/视频编辑、多媒体教学环境、网络教学平台、课件制作技术等内容）、学校内部应用系统类（包括精品课程信息系统、天空教室网络课堂、校园网的使用指南、校园内部资源使用、多功能教室及设备操作指南等内容）以及教师教学基本要求类（包括学校基本教学法规和流程、教师职业道德要求、骨干教师经验交流、高校教师职业道路规划等知识讲座等内容）4 个类别。

8.2.3 培训方式的研究

西南石油大学正式的教育技术培训工作开始于 2003 年，处于不断发展的过程之中。在 2005 年之前，培训对象主要针对学校的青年教师，采取集中授课的方式开展培训工作，培训时间相对固定。在当时的情况下，这种培训方式基本满足了教师的需求。但随着技术的飞速发展、资源的日趋丰富，以及教师规模的不断扩大，针对青年教师的、定期的集中培训方式与现代教育技术的发展和学校教师的实际需求存在一定的差距。为了扩大教育技术培训的覆盖范围、延长教育技术培训的时间、建立教师终身教育技术培训机制，学校从实际出发，采取一系列措施对既定的教育技术培训方式进行了改良，扩展了教育技术培训的覆盖范围（各院系各年龄段的教师）、延长了教育技术培训的时间、形成了教育技术培训的周期（一学年度）。在教育技术培训方式改革的过程之中，达到改善教育技术培训效果的同时，在一定程度上减轻了教育技术培训的压力和难度。在教育技术培训方式改革方面，主要进行了以下一些尝试。

8.2.3.1 传统面授与网络教学相结合

传统面授由授课教师在课堂上讲解知识点，学员通过教师讲解、幻灯片等载体理解和掌握知识点，讲解结束后学员进行上机和动手实践，并由辅导教师进行辅导并解答相关问题。授课教师的讲解、学员动手实践结合辅导教师的辅导，这种传统面授的培训方式有助于学员与学员之间，学员与辅导教师和授课教师之间的交流沟通，有利于培训反馈信息的收集。

网络教学以功能强大、性能稳定的校园网为依托，以数据中心中高性能、大容量的服务器为支持，采取主流程序设计技术，开发出了教育技术培训网站及其一系列子系统，对教育技术发展动态、培训通知、培训政策、培训大纲、培训机构概况和培训网络资源等通过网络进行了统一整合，作为网络教育技术培训开展的基础，并通过网站的留言板和问答系统作为教育技术与相关问题交流的窗口。网络培训系统主要由教育技术培训网站、教育技术问答系统、教学论坛、音视频教学资源点播系统及其 FTP 服务、教学资源共享 FTP 和网络硬盘等构成，为培训的开展和自主学习的进行提供了网络和资源支撑，并将《多功能教室及其设备操作指南》等自主拍摄的教学录像片提供网络在线观看和下载服务。网络教育技术培训的积极开展突破了教育技术培训的时间与空间限制，使得教师能随时随地自主进行教育技术知识的学习。

8.2.3.2 定期培训与不定期培训相结合

定期培训针对新进教职工，培训时间定于每年的暑期，为期一周。首先由校领导全面具体阐述学校办学基本情况，然后结合学校的实际情况从教学管理法规、教学设计、数字视音频技术、图像处理技术、动画制作技术、网页制作技术、多功能教室及设备操作指南、精品课程及网络课程制作等方面对新教师进行教育技术理论和应用技能培训，使得新教师尽快熟悉学校的教学管理规定和教育技术环境，为正式上岗做好充分准备。

不定期培训通过对定期培训过程中反馈信息以及教职工向现代教育技术中心、教务处以及人事处等部门意见和建议的分析，结合培训网站上的网络反馈信息分析，制定出针对性更强、更为具体和深入的培训方案，并以开办讲座的方式进行培训，与定期培训相结合，达到全面提高我校教职工教育技术应用能力和水平的目的。在不定期教育技术培训过程中，开办了以下一系列讲座，取得了良好的培训效果，如精品课程及网络课堂制作指南、摄影摄像技术知识讲座、英语教学系统师生使用指南、校园网使用及其安全知识培训、多功能教室使用指南等。不定期教育技术培训作为定期培训的补充和扩展，在近几年积极开展，有针对性地提高了教师课件和网络课程制作水平，并强化了网络和资源的应用能力。

8.2.3.3 强化教师的现代教育技术意识，积极进行自主性学习

强化教师的现代教育技术意识，提高其教育技术认识水平是开展教育技术自主性学习的重要保证。在教育技术培训的过程中，大部分培训内容的讲授都是通过多媒体教学完成，授课教师选择多功能教室、通过制作精良的课件展示培训内容、熟练操作投影仪、幕布、教师控制台等多媒体系统、主动利用各种校内网络

资源进行教学、鼓励教师通过网络平台提交培训作业等措施的采取对教师应用现代教育技术进行教学起到了一种示范性作用。

在全校范围内开展一系列与现代教育技术相关的活动和工作，如举办网络安全周活动；配合各院系师生开展生产实习，进行交换机、防火墙配置以及Solaris操作系统使用等方面的培训；与电子信息工程学院、计算机科学学院等院系进行合作，进行本科生毕业设计的指导和研究生培养工作，为相关院系的师生提供设备、技术和人员支持；建立数据中心，引进教学资源管理平台、ITAT网络课程平台、办公自动化平台等系统，并与各二级部门信息管理员共同维护学校70多个二级网站，保证其数据和代码的安全；建立托管服务器机房，为教务处、学报编辑部等部门提供网络服务和安全保障等。

通过一系列活动的开展，加强了现教中心与各部门的沟通和合作，有助于教育技术知识在全校范围内的普及和师生教育技术意识的强化，促使教职工主动通过培训网站等系统进行教育技术知识的学习，并提出培训需求，促进教育技术培训的良性发展。

8.3　项目主要成果及推广应用情况

8.3.1　主要成果

（1）培训管理机制的优化、多样化培训方式以及规范化的培训内容形成了相对固定的教育技术培训模式；

（2）学校各届教育技术培训工作的顺利开展，完成了千余名新老教职员工的教育技术培训任务，全面提高了学校教职工应用现代教育技术的能力和水平；

（3）建成了学校网络教育技术培训和应用的多种软硬件平台：建立学校数据中心，引进高性能服务器和网络设备；教育技术培训网站及其问答系统、音视频教学资源共享平台及其ftp服务、网络硬盘等系统的开发和投入使用；引进一系列优秀的网络应用系统（精品课程信息系统、天空教室网络教学平台、教学资源管理平台、ITAT课程资源库、英语视听说教学系统等），为教师通过现代化手段进行教学提供了手段与途径；建成数十间学生用计算机机房和近百间多功能教室，为学校多媒体教学活动的开展提供了基础性平台；

（4）在全校范围内建立了丰富的网络教学资源：近600部教学录像片全部数字化以后在校园网内供师生点播，2005—2008年建成各级（国家级、省级和校级）精品课程共计60多门（提供网络学习），2005—2008年建成网络课程300多门（注册学生数达15000多人，日访问量平均接近2000次/日，总访问量达百万次），网络硬盘和教学资源管理平台各类教学资源数量（课件、文档和教学软件等）不断增加、内容日趋丰富等；

（5）相关论文的正式发表：1）《高校教师教育技术培训创新教学模式的研究与应用》（教学管理类）；2）《在 JSP 中调用 JavaBean 实现 Web 数据库访问》（计算机技术类）；3）《高校网络教学环境的建设与应用研究》（计算机网络技术类）。

8.3.2 推广应用情况

管理机制优化、培训方式多样化以及培训内容规范化的教育技术培训教学模式在近几届教育技术培训工作中得到了良好的应用效果，如采用本模式针对 2006—2008 年数百名新教师进行的教育技术培训、针对外语系教师课件制作技术及教育技术应用能力开办的两期培训、针对网络课堂和精品课程制作的培训讲座以及针对相关院系教师进行的多功能教室及设备使用讲座等均取得了较以往更为有效的培训结果。教育技术培训网站、教育技术问答系统等培训系统的投入使用明显改善了教育技术培训的效果，不定期培训的积极开展使得教育技术培训覆盖范围更加广泛，在一定程度上延长了教育技术培训的时间，有利于终身培训机制的建立。

9 信息化教学服务体系的构建研究与实践

9.1 背景及思路

9.1.1 立项背景

教育信息化建设的成功对于现代教育技术中心、信息中心等信息化推进部门来讲，除了有赖于符合未来教育整体发展战略的业务实现模式和业务逻辑、符合业务模式和业务逻辑的信息技术架构和平台，还需要相应的信息管理组织去支撑业务信息系统的规划、实施、运营、维护和管理。怎样构建现代教育技术中心的信息化教育服务体系，这是许多高校面临的一个重要问题，各学校也有自己的解决之道，但是没有万能良方，拿来主义可能会水土不服，所以有必要针对学校的实际情况就此领域进行研究与实践。

9.1.2 研究与改革的指导思想和基本思路

9.1.2.1 研究与改革的指导思想

以教育教学的信息化为中心，认真贯彻和落实学校各项决定，调动一切积极因素，解放思想，更新观念，抓住机遇，促进教育信息化工作的快速发展，为全面推进学校教育改革，提升学校教育信息化服务水平，提高教育质量做出应有的贡献。

9.1.2.2 基本工作思路

首先，对同类型高校、IT 企业的服务体系构建情况进行调查研究，撰写调查报告；然后根据调查结果制定体系构建的实施方案，对方案进行修正；其次依照实施方案进行信息化教学服务体系构建的实践，在实践中根据实际情况微调方案；最后评估方案应用效果，进行项目总结，撰写结题报告。

9.2 项目研究与改革实践

9.2.1 项目开展的总体情况

项目组通过 4 年的认真研究圆满地完成了各项研究任务。通过对兄弟高校，

IT 公司服务体系的调查研究，结合学校实际构建了一套具有可操作性的信息化教学服务体系，并将服务体系应用到日常的运行管理中，最后评价教学服务体系的运行效果和效益。通过服务体系的构建，提升了现代教育技术中心的管理水平，优化中心的资源配置，教育技术中心蝉联 4 年优秀，为推动学校的教育信息化水平提升做出了应有的贡献。

9.2.2 项目研究过程

9.2.2.1 确立信息化教学服务体系构建的基本原则

信息化教学服务体系是学校发展规划的延伸，教学服务体系构建的基本原则需要与学校的顶层设计相一致，主要包括战略的融合、与服务对象的关系、以用户为中心、信息化组件配置、信息资源共享和信息化策略和规划的沟通等方面的核心问题。

（1）战略的融合方面，信息技术因素需要渗透到学校以及相关组织机构发展战略的制定中去，在管理层要充分意识到信息技术对教育的重要作用；

（2）与服务对象的关系方面，现教中心、信息中心等信息化服务部门与用户在工作上建立伙伴关系，以了解和达成中心的业务实现目标，实现部门和用户的共赢；

（3）以用户为中心方面，信息化管理应以服务水平为基础，重点应关注在满足业务部门的需求，在用户的需求上开展相关应用与服务，以最大满足用户对信息化的多元化需求为行动指南；

（4）信息化组件配置方面，由于平台、系统构成的多元、多样性，信息化组件应遵从信息化体系结构和信息化标准，否则在建设过程中将出现非常多的兼容性问题，导致信息化系统用户体验下降；

（5）信息资源共享方面，在学校范围内建立信息资源共享的平台，统一入口，统一标准，将信息资源视为一项资产，每一个员工都有责任和义务正确地使用和保护这些资产；

（6）信息化策略和规划的沟通方面，行政、机关、教学院系、教辅部门以及后勤应用信息化策略的侧重点是各异的，信息化的策略和规划应在内部进行有效的交流和沟通。在组织内部建立常态化的沟通机制，设置常设的协调机构。

9.2.2.2 设计完善信息化教学服务体系

信息化教学服务体系的核心在于工作人员的管理，而人员管理的落脚点又在岗位管理。岗位管理，就是以单个岗位为管理对象，通过岗位分析来明确不同岗位在组织中的角色和职责以及相应的任职资格；然后通过岗位评估等分析工具来确定岗位在组织中的相对价值大小，在组织内部形成岗位价值序列。

岗位定义的内容包括有什么能力，上什么岗；上什么岗，干什么活；干活就得有考核。专业岗位体系包括操作层、组织实施层、规划控制层。操作层要按照有明确定义的作业流程来操作，需要专业积累，工作有一定的复杂性，不能随意替换。组织实施层要管理、指导专业团队，对团队的产出负责；设计、改进、监控作业流程。规划控制层要管理、指导多个专业团队，对整体产出负责；制定、实施、监控专业领域内的发展规划。具体的现代教育技术岗位设置序列表如表9-1所示。

表 9-1 现代教育技术岗位设置序列表

职位层级	前台服务系列	后台支撑系列	设置依据
规划控制层	高级服务总监	高级技术总监	独立管理一个业务群，负责一个完整业务领域的规划、实施
	服务总监	技术总监	独立管理多个专业团队，负责一个完整业务领域的规划、实施
组织实施层	高级服务岗（科长/主任）	高级技术岗（科长/主任）	独立管理一支专业团队，负责一个完整的、重要的业务领域
	服务岗（副职）	技术岗（副职）	独立管理一支专业团队，负责一个完整的业务领域
操作层	高级服务骨干	高级技术骨干	独立负责宽泛或高难度的操作流程，且能够指导初入者
	服务骨干	技术骨干	能独立负责整个操作流程，掌控范围和难度一般
	一般服务人员	一般技术人员	具备本专业职位系列的发展潜力的初入者，从事基础操作层面的工作

前后台划分的方法与依据：用户能直接感知的、直接交流的为前台，如多媒体教室借用服务、充值服务等；对于用户透明的、用户间接感知的为后台，如基础设施维护、数据中心代管服务等。建立了统一用户入口，首问责任制，用户只要和他第一个联系的前台工作人员协调就能解决问题。

对中心业务进行重组，进行前后台职权划分，打破原有的服务架构。中心分为服务和支撑两个系列，每个系列再分成若干子系列。前台服务系列包括：一卡通服务（充值，密码修改，故障受理等）；网络服务［充值，密码修改，故障受理（包括电视网）等］；教学支持服务（多媒体教室、会议室借用，教育电视制作受理等）。后台支撑系列包括：计算机硬件技术（计算机硬件设备保养维护，硬件故障排除）；计算机软件技术（应用系统维护，基础软件环境搭建，数据库维护，数据安全等）；网络技术（两网的畅通保证，故障排除等）；媒体技术（教育电视制作，课程录制，新闻制作，会议室维护维修）。划分界面后满足了用户的习惯，权责明晰，杜绝推脱现象。

9.2.2.3 实施信息化教学服务体系

信息化教学服务体系设计完成后便应用于现代教育技术中心的新一轮聘任、科室及个人考核。在实践中取得了较好的效果，学校被评为四川省教育信息化试点单位，中心在学校年度考核中连续4年获得优秀。

9.3 项目主要成果

（1）调查报告：《西南石油大学教育信息化调查报告》和《教育信息化及“十三五”规划调查》。

（2）学校管理文件：《关于加快教育信息化建设和应用进程的实施意见》和《关于加强网络信息安全建设与管理的实施意见》。

（3）中心管理文件：《现代教育技术中心考核办法及细则》和《现代教育技术中心新一轮职工聘任实施办法》。

（4）论文：林琳，郭静，赵伟，任礼．信息化教学服务体系的构建与实践研究［J］．中国管理信息化，2015，18（18）：246-247.

10 基于SPOC环境的操作类课程混合式教学模式研究与应用

10.1 项目背景

2013年，教育技术领域出现了新的术语——SPOC，加州大学伯克利分校MOOC Lab的课程主任Armando Fox（阿曼多·福克斯）教授率先提出“SPOC（Small Private Online Courses）”的概念，它被认为是MOOC在新时代背景下的延伸和变异。SPOC与MOOC一样都是免费开放的，但是二者的主要区别在于SPOC对入读人数和入读条件进行了限制[33]。目前，SPOC在国内外的研究尚处于起步阶段，缺乏成熟的SPOC课程教学体系实践和研究。而且，MOOC的学习终端较为单一，主要以PC机为主，SPOC则在移动端的选择上更加灵活。

调查表明，截至2014年，中国智能手机用户突破5亿，成为智能手机用户最多的国家。其中，在校大学生是智能手机的主要使用群体。同时，当前高校无线覆盖率越来越高，WLAN和Wi-Fi资源越来越丰富。这都为移动学习的繁荣与昌盛提供了沃土。伴随着互联网时代的到来，作为该时代土著民的在校大学生们已经不能满足传统课堂教学所给予的知识。2016年3月底，西南石油大学实行免费校内Wi-Fi接入，师生可在校园内随意使用手机Wi-Fi免费访问校内资源，这为移动学习的改革与创新提供了沃土。该项目的实施为学校移动学习课程的创新和发展提供了新的经验和方法。

混合式教学，即传统教学方式（线下）和网络在线学习（线上）的结合。混合式教学模式在促进学生参与教学过程的主动性、提高课程学习效果方面具有显著的优势[34]。混合式教学可以基于SPOC的环境下进行。但是将二者何时结合、怎样结合，国内外尚缺乏系统的研究。如何通过合理设计，将学生们的碎片化学习时间更多地用到积极而有意义的学习中，一种基于移动学习的混合教学模式亟待产生。

本书作者从移动学习的角度出发，构建出基于SPOC的混合教学模式，结合学校的一门操作类课程的具体应用实践，探索SPOC如何与移动学习充分结合并促进教学，为移动学习与传统教学结合的探索提供实践经验。

10.2 项 目 概 述

项目选取了学校的一门操作类课程《Premiere Pro 2.0 影视制作艺术》，探索基于 SPOC 理念的混合式移动教学模式的实践与应用。SPOC 环境的混合式教学模式并非课堂搬家，而是注重网络学习环境（线上）与课堂教学环境（线下）的有机结合，构建出一种移动学习结合传统课堂教学的新型模式，从教学行为和教学设计层面促进学生参与教学过程的主动性、提高课程教学效果，教学活动的设计中体现对探究学习、个性化学习和协作学习的重视。移动学习技术实现了传统课堂在时间和空间上的延伸，将 SPOC 的功能与混合式教学的特点相融合，利用网络学习、移动学习和课堂教学的优势，探索 SPOC 环境下的操作类混合式教学模式。

10.3 主要研究内容

10.3.1 SPOC 与操作类课程的整合

操作类课程的特点是侧重学生动手能力的培养。传统课堂的学习方式在理论学习方面的效率较高，而在实践动手能力的培养方面往往因课堂容量有限、课时不足、场地不允许等原因而只能停留在纸上谈兵的状态下，不能达到良好的实践教学目的。而 SPOC 环境下，则可将教学重点与难点前移，为课堂教学腾出容量来进行动手实践、操作练习等。SPOC 与操作类课程的整合，SPOC 环境下的操作类课程的构建，一方面充分利用 SPOC 的“小众”“开放”的特点将课程的重难点推送至移动端，学生可以借助移动端打破时空限制，利用碎片时间进行学习；另一方面，SPOC 的课堂形式避免被动学习，学习活动的设计重视学生的个性化学习和协作学习，有益于构建开放、灵活、高效的学习环境，提高学生的课程学习参与度。

10.3.2 构建基于移动端的混合式教学模式

本项目从多维角度研究了多元化的移动端组合。首先，移动工具的选择具有多样性，避免单一化。本项目主要通过超星移动学习 App（学习通）结合其他网络移动平台结合使用。课前，通过超星学习通移动 App 推送课程资料，在课堂教学中利用移动社交平台工具及时获取学生学习动态，从多维的角度构建网络学习环境体系。其次，本项目从混合教学的教学内容、教学环境、教学资源、教学活动、教学评价等方面构建了操作类课程如何基于移动端进行混合教学实践。

10.4 项目研究过程

项目研究过程经历了课程选取、平台选择SPOC与操作类课程的整合、基于移动端的混合式教学模式的课程架构设计、实践教学及结果分析阶段。

10.4.1 课程选取

本项目经过反复甄选，最后确定课程《Premiere Pro 2.0影视制作艺术》为本项目的研究对象。该课程是面向学校本科生开设的一门公选课，主要培养学生对视频制作的动手能力、提升学生的视频制作水平，侧重学生操作技能的培养。学生来自不同的学院，授课面广；该课程突出学生动手能力的培养，应用面广；该门课程的学科特点有利于本项目的研究建设和教学实践。

10.4.2 SPOC与混合式教学的整合

在SPOC（小规模限制性在线课程）环境下，将课程的重难点推送至移动App上，学生可以借助移动端打破时空限制，利用碎片时间进行学习。线上学习活动的设计重视学生的个性化学习和协作学习，促进学生的主动学习，构建出灵活开放的线上学习环境，以线上学习的优越性为线下的课堂教学腾出更多时间用于学生的巩固练习和动手能力培养，从而提高学生的课程学习参与度、提升教学效率。

10.4.2.1 平台选择

线上教学方面，选取学校课程中心网络教学平台和“学习通”移动App平台，实施“SPOC+移动学习”的线上教学模式。课程网站首页（电脑端）如图10-1所示，课程网站首页（学习通移动App端）如图10-2所示。通过建立同步SPOC机制来进行学生管理，SPOC一方面作为管理学生的一种手段，另一方面也可提供课程中心课程中没有的补充教学资源。本项目还采用了QQ群和微信群的方式作为学习通移动App的补充，以便加强在学习过程中对学生的管理。

线下课堂部分，原则上采取翻转课程方式进行教学，以强化学生深度学习和主动学习的能力。

10.4.2.2 课程内容的设计

课程的设计基于SPOC的理念，采用三级目录（章、节、知识点）的方式进行呈现。以知识点为单位设计教学资源，采用“授课视频+拓展资源”的结合方式对课程架构进行搭建（见图10-3）。

课程内容的设计以独立知识点为单位，所有课程视频均采用微视频的方式进行拍摄制作，授课视频时间长度均在15分钟以内。课堂教学之前将章节授课视频发放给学生，学生在课前自行观看教学视频并浏览拓展资源。

图 10-1　课程网站首页（电脑端）

图 10-2　课程网站首页（学习通移动 App 端）

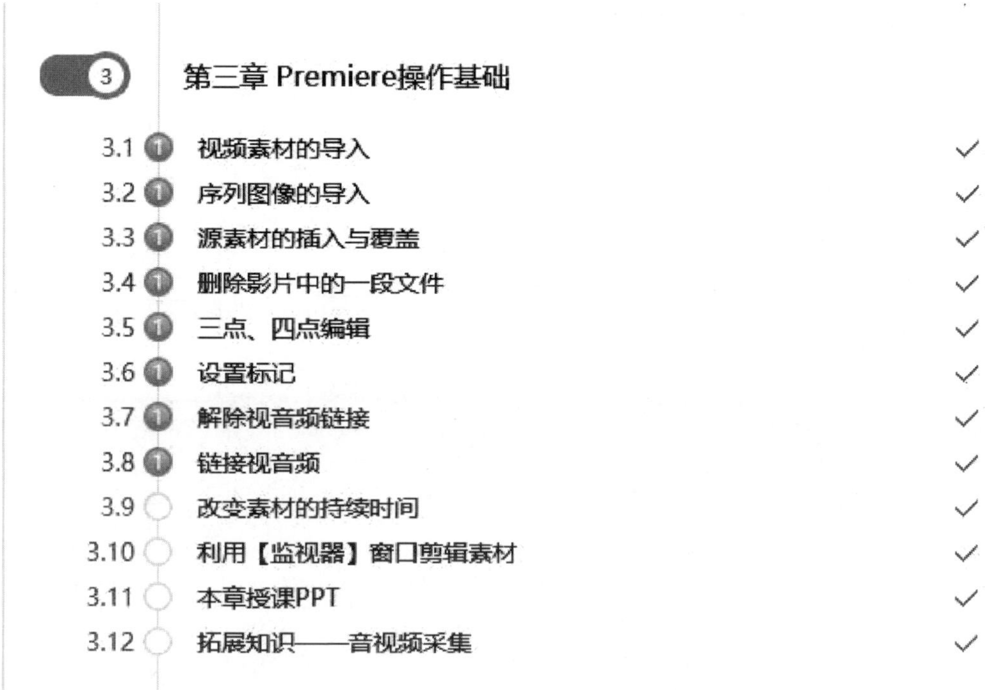

图 10-3　课程内容设计

10.4.3　基于移动端的混合式课程架构设计

基于移动端的混合式课程教学设计共分为两个阶段、三个部分，即线上阶段和线下阶段，课前、课中、课后三个部分。基于移动端的混合式课程架构设计如图 10-4 所示。

10.4.3.1　课前环节

课前部分，教师将教学重点以微视频的方式推送至目标学生群，学生在规定时间内，依据教师给定的教学目标，通过“学习通”移动 App 观看教师推送的视频。本项目所选平台“课程中心”的课程设置中，将教学章节设置为“定时发放”模式，以便在规定时间内准确将微视频发放给目标学生。而对于拓展资源部分，则设置为“闯关模式”，即学生完成前面基础章节知识的学习且通过任务点的前提下，方可继续访问拓展资源。课前的学习是课中学习的基础和支撑。

10.4.3.2　课中环节

课中部分，则采用问题式学习（PBL，Problem Based Learning）、协作学

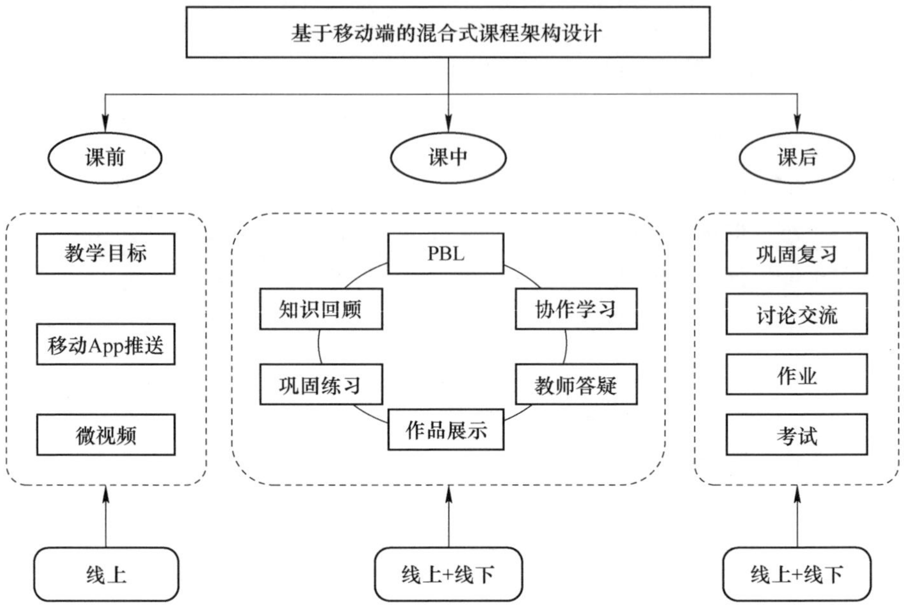

图 10-4 基于移动端的混合式课程架构设计图

习、知识回顾、教师答疑、作品展示等方式，强化教学重点和难点，达成教学目标。学习通在课中环节起到了重要作用，教师通过学习通移动 App 如课堂实时签到、摇一摇选人、在线讨论等方式进行对学生实施过程管控。SPOC 课程教学本质上属于网络教学，教师依据问题导向的教学方法，通过设计形式多样的教学活动，为学生设置一个个知识节点，学生根据教师的引导，逐步达成教学目标。

10.4.3.3 课后环节

课后环节是课中环节的巩固和补充，课中环节则是课后环节的凝聚和提炼。学生在课后通过线上回顾知识点进行复习，通过交流讨论、完成作业和考试等方式对课上学习的知识进行巩固。本项目中，主讲教师曾经数次通过课后发起在线直播的方式对学生进行督学和促学方面的指导，收到良好的反馈效果。课中学生学习过程中的输出成果则为课后的评价提供了依据，教师则根据学生学习过程成果进行多样化的评价。

10.4.4 实践教学及结果分析

10.4.4.1 实践教学

本项目设实验班和对比班两个班级，两班采取双班对照、单班行动研究的方法进行实验。实验班采用 SPOC 环境下的基于移动端的混合式教学模式进行教学实践，而对比班则按照传统授课方式进行学习，实验班同时采取单班行动研究方案。

10.4.4.2 结果分析

在操作类课程的实践教学之后，将两个教学班的实践结果（见图10-5）进行对比分析。为移动学习与混合教学的整合案例提供翔实可靠的数据来源。

图10-5 教学统计界面

首先，对比该课程的期中和期末学生的成绩，实验班在期中成绩上并没有明显领先对照班，相反，由于学生刚开始接触还不适应这种宽松的授课方式，效果反而没有对比班级好。对此，及时做出调整，适当加强对课前移动学习的督促和监控，促使学生在课前按时完成对教学视频的观看学习，同时增加学生在课堂中的练习比重。经过一段时间的调整和督促，在教学实践的后期，学生越来越习惯于线上移动学习、线下操作练习的混合式学习模式，学习主动性和自觉性显著增加、学生课堂的活跃度大大提高。

其次，对比理论教学部分的考试成绩，实验班和对比班几乎持平，无明显差异。究其原因，理论部分的教学集中在该课程的第一章和第二章，这两部分内容因偏重理论教学，缺乏操作类的知识讲解，对此两章的教学设计较少采用基于SPOC和移动学习的教学模式，基本上沿袭了传统的教学模式设计。但是，对比两个班级的实践环节，考试成绩差异则较为明显。从科学的学生视频的成品作品打分依据（见表10-1）进行评判来看，实验班的视频制作技术和水平、学生作品的质量明显高于对比班。

表 10-1 学生作品评判标准

评价维度	视频时长	视频格式	分辨率	是否原创	主题突出	背景音乐处理	视频转场运用	视频特效运用	添加字幕	剪辑手法
评价标准	符合	符合	是	是	是	恰当	恰当	恰当	恰当	多元化
	不符合	不符合	否	否	否	不恰当	不恰当	不恰当	不恰当	单一
所占分值	10%	5%	5%	10%	20%	10%	10%	10%	10%	10%

最后，在两个学期的教学实践后，对比最终的期末成绩显示教改实验班比对比班成绩平均分高出 4.1 分。同时，实验班学生的自主学习能力大大增强，学生课上的表现、学生的创造力、学生主动学习的劲头大幅提升，课堂参与度以及在线讨论区的互动交流频率也大幅提升，特别是在该模式实施一段时间后，学生已经把积极的交流和讨论形成习惯，自发式的小组交流和协作也成为大家有问题时首先想到的解决方式。

统计结果表明，基于 SPOC 环境的操作类课程混合式教学，做到了只用传统一半课时教授学生整门课程的尝试，在实施 SPOC 教学的过程中取得了很好的成效，学生的课堂参与度普遍得到提升，学生的创新能力得到了培养，平均成绩获得显著提高。通过该课程的学习，部分优秀学生甚至创建了视频制作工作室，开启了创业之路。另外，本教学模式也为操作类教学课程教学改革提供了案例。研究的成果也通过教学信息化讲座的形式在全校推广。

10.5 项目亮点

10.5.1 任务点的设计

该项目课程在若干教学单元中，设置了交互功能——任务点，凡是在教师编辑页面显示黄色小点的均为设计了任务点的教学单元。所谓任务点，即在教学资源的主要呈现方式——教学视频中插入互动试题，对学生观看视频的具体过程中间环节进行设计，一般为测试试题，用于约束学生的学习过程。如果学生在任务点中回答正确，则可以继续观看教学视频；如果学生在任务点中回答错误，则无法继续观看视频继续学习。这极大地方便了老师在大数据时代的背景下对学生学习数据进行研究。

任务点的设计，是增强交互功能的又一新式体验。通过任务点，可以约束学生的网络学习过程、避免学生跳跃学习、提高学习效率。

10.5.2　PBL 辅助教学

PBL 即以问题为导向的教学方法，是基于现实世界的以学生为中心的教育方式。在传统教学中，因课堂容量有限，往往重点集中在教师的讲解上，给学生的自主问题型、任务型探索学习时间少之又少。而混合式教学则可在很大程度上避免此现象。教师只需在网络教学空间中创建项目，发布项目要求，学生即可根据个人兴趣自行结合为小组，并可在组内、组间开展讨论、上传资料、评价等方式的学习活动。PBL 功能示例如图 10-6 所示。

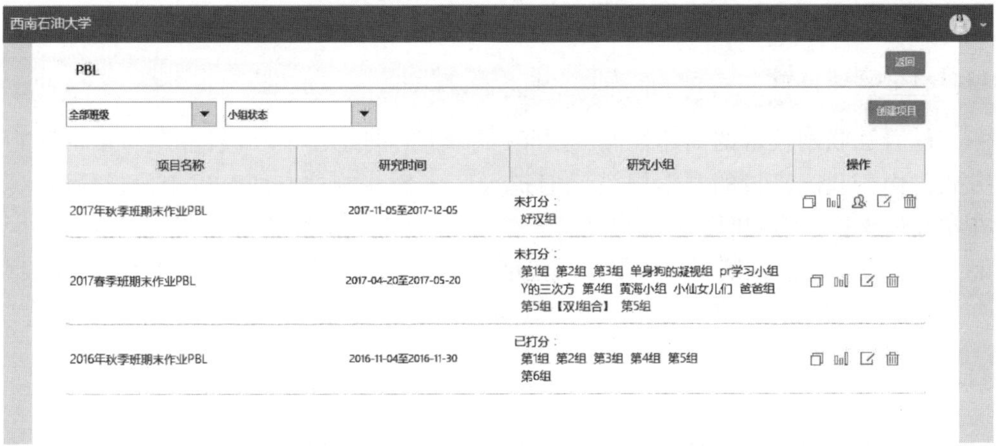

图 10-6　PBL 功能示例

将 PBL 功能应用在翻转课堂上进行教学，一方面充分调动了学生的主人翁意识，学习兴趣更浓厚，学习效率显著提高。另一方面，PBL 等教学方法可以带来更多的拓展知识和课外资源，由于授课视频已经在课前由学生自行观看，所以课堂上可以针对教学重难点进行更深入地探讨，这更有利于学生动手能力的培养和操作水平的提高。

11　基于移动学习终端跨校区培训及教学的探索与实践

11.1　概况及思路

11.1.1　立项背景

随着互联网技术的高速发展，近年来移动学习成为当下一种非常重要的学习方式。由于我国高校的办学规模普遍扩大，多数高校拥有两个以上的教学校区。在学校规模扩大的同时，跨校区办学也凸显了一定的局限性。由于空间距离的限制，各个校区之间在培训和教学方面较难共享成果。利用信息技术手段解决跨校区办学的教学资源的充分整合、满足人才培养和学校的发展需要已是迫在眉睫的问题。

11.1.2　探索的基本思路

从移动学习在高校教学中的应用着手，结合跨校区教学远距离、难交互等特点，探索如何发挥信息技术在远程教学中的优势、构建一种新型混合式教学模式，提高学生自主学习意识，促进教育公平和实现优质教育资源广泛共享。

本章以学习通移动 App 及泛雅网络教学平台为依托，在西南石油大学以及西南石油大学南充校区之间开展移动化培训及教学。在实践中进行研究，探索形成移动化培训及教学的应用模式，提高人才培养质量。

11.2　探索与改革实践

11.2.1　优质课程资源建设

从 2018 年底开始，选取《数字摄影技术与艺术》作为样本课程进行优质资源建设。采用移动学习的理念，以学生为主体，在整合现有课程资源的基础上，根据跨校区远程教学要求重新梳理和整合课程教学内容，以西南石油大学课程中心、“学银在线”平台和中国大学 MOOC 平台为依托，对《数字摄影技术与艺术》的网络课程内容进行重新建设，对教材和教学大纲、教学日历、教学视频、教学课件、测验、作业和考试等内容进行重新编制，将课程教学内容进行分类整理，以知识点为单位，科学划分课程视频教学部分和远程教学课堂的讲解部分，针对混合式教学模式的特点进行教学设计，明确网络教学视频内容，设计有利于移动终端观看、学习的微课教学视频，从而形成了我校特有的课程学习方案。通过面向不同学习者呈现不同学习内容的理念构建课程资源库、题库、作业库、在线测试、讨论交流区等多样性、交互性教学资源，实现线上自学、课堂讨论与课后延伸的三者联动。从而构建适应教师教学及学生自我学习、自我管理，满足移动教学模式需要的优质课程教学资源。

2019 年 12 月，该课程被评为省级精品资源共享课程，选课人数逾万，并在 2020 年疫情期间作为建课示范包供其他多所高校和社会用户选用，被选用逾两千次以上。

11.2.2 移动学习终端跨校区教学模式探索与实践

在前期调研、探索的基础上，作者团队提出了“基于移动学习终端跨校区培训及教学”的新型混合式教学模式，并制定了课程的具体实施方案。(1) 课程组根据移动学习的教学要求，重新梳理和整合课程教学内容，编写适用于网络信息化课程平台与传统课堂相结合的混合式教学模式的教材和讲义、教学大纲、教学课件、重难点指导等教学基本资源；(2) 将课程教学内容进行分类整理，以知识点为单位，科学划分课程视频教学部分和课堂讲解部分，设计微课内容，以方便学生利用移动终端学习，针对网络教学模式的特点进行教学设计，明确网络教学视频内容，完成课程授课视频拍摄与制作；(3) 构建课程资源库、题库、作业库、在线测试、讨论交流区等多样性、交互性辅助资源，实现线上自学、课堂讨论与课后延伸的三者联动；(4) 针对摄影课程内容的特点，设计丰富的线上及线下的教学互动，面向不同内容的学生推送不同的互动活动内容；(5) 利用“学习通”工具进行课堂互动、课前促学、主题活动设计等，利用移动手机的普及性和便捷性，便于项目组深度挖掘借助“学习通”移动 App 实现推送通知、督学促学、互动交流、主题讨论等功能进行辅助教学，充分发挥移动学习的方便、快捷的特点。

2019 年开始，基于《数字摄影技术与艺术》在线开放课程，面向西南石油大学成都和南充校区开展移动终端跨校区的远程教学实践，并成功开课两轮。图 11-1 展示了数字摄影技术与艺术课程的远程教学场景。

同时,2019 年初，课程组在“学银在线”和中国大学 MOOC 平台上共建由学生自学自练为主的优质课程，自建成学校特色的个性化课程资源，给学生提供由自学到互学的平台，并通过完善的线上线下教学管理和统计功能，保证了学生课前自学的效果。此项教学实践很好地解决了将优质课程资源本土化的问题，是移动学习在跨校区远程教学培训方面的创新性应用。

图 11-1 数字摄影技术与艺术课程远程教学场景

在移动教学中，一方面，有效引导学生利用“学习通”移动 App 学习工具完成在线学习，调动学生的学习兴趣；另一方面，线下通过远程直播实现课堂教学，在课堂上组织学生分小组，参与线下主题讨论、主题交流等以巩固、拓展知识点（见图 11-2）。线上的信息传递和线下的信息内化相互补充，形成整体，真正实现了以学生为主体，极大地调动了学生的自主学习能动性。

图 11-2 数字摄影技术与艺术课程远程教学互动

11.2.3　完善配套考核体系

为提高学生学习的主动参与度，保障学生能按质按量完成线上和线下各教学环节，适应面向线上、线下的混合教学下能力训练的特点，项目组从“注重学习过程管理”的角度，将学生的成绩组成分为线上线下两部分。如表 11-1 所示，通过网络课程平台提供数据评价学生在线上视频观看、在线讨论、在线作业完成、在线互动活动参与等方面的情况；线下成绩主要由线下签到、线下作业和考试三部分组成。此考核体系改变传统以应试为学习主要目的的现象，让学生转而关注和重视学习过程，达到注重学习过程的管理、形成性考核和过程性考核相结合的目的。

表 11-1　数字摄影技术与艺术考核构成（占比）　　（%）

考核方式		成都校区教学班	南充远程教学班	社会用户班
线上课时	在线任务点学习	0	30	15
	在线签到	0	5	0
	在线章节测试	0	20	15
	在线讨论	0	10	10
	课堂互动	20	10	10
	在线考试	0	10	50
线下课时	签到	20	0	0
	考试	30	0	0
	作业	30	15	0

11.2.4　效果跟踪与分析

11.2.4.1　问卷调查

为了对该课程的基于移动学习终端跨校区的教学效果进行总体分析，项目组从学生的专业背景、资源的使用情况、线上线下学习安排、课堂互动情况以及对老师角色定位等方面入手设计调查问卷。并面向西南石油大学南充校区、成都校区学生用户发布调查问卷，为保证答卷的真实性，问卷采用匿名方式。共收到有效问卷 1000 余份。

问卷调查结果显示，91.6%的学生对本次全新教学模式表示接受，超过一半的学生认为基于移动学习终端跨校区的教学模式满足了他们个性化学习的需求，方便、易操作的移动学习形式提高了他们主动学习的兴趣；多样化的课堂交流活动促进了学生的积极主动性和参与度。

11.2.4.2 学习效果分析

充分发挥移动学习工具对移动教学的支持功能，满足学生多样化的学习需求，线上线下知识相互补充的混合式学习方式有效提高了学习效率。调查结果发现，对于学习效果的评价中，认为“非常好”的学生有61.17%。鉴于本课程为摄影类课程的性质，对于通过课程的学习是否对摄影技术提升有实质性的帮助方面，认为“对我的摄影技术非常有帮助”的学生分别为62.14%；认为“一般，对我的摄影技术有一些帮助”的学生为39.37%和学生为1.94%。90%以上的学生认为本课程可以提升摄影技术。通过数据分析，对比作业、考试和讨论、课堂互动等多项数据，可以发现，基于学习通移动App的跨校区混合式教学方式的学习效果明显优于纯线上教学和纯线下教学。

11.3 主要成果及推广应用情况

11.3.1 主要成果

（1）发表论文《基于移动学习终端跨校区培训及教学的研究与实践——以西南石油大学为例》。

（2）发表论文《基于智慧课堂互动教学软件灵巧教育模式的研究与实践》。

（3）发表论文《“教育信息化2.0行动计划”背景下学校教育信息化的机遇与挑战——以西南石油大学为例》。

11.3.2 推广应用情况

2019—2020年期间，项目组完成了校内校外相结合的多种形式的成果推广。

11.3.2.1 校内推广

《数字摄影技术与艺术》课程作为西南石油大学网络课程建设的示范样式，在2019年12月被评为省级网络教学精品课程，供学校其他课程建设的参考样本使用。该课程在教学实践中面向西南石油大学南充校区和社会用户开放教学，选课人数逾万。

11.3.2.2 国内其他高校推广

《数字摄影技术与艺术》课程作为示范教学包面向社会及其他高校公开分享。尤其在疫情期间全国实行在线教学时，该课程被诸多高校作为建课示范包使用。截至2020年4月底，该网络课程被其他高校教师使用达到2000余次。

11.4 项目研究与改革实践的创新点及其推广应用价值

（1）提出了全新的基于移动学习终端跨校区教学的混合式教学模式以及配

套的考核机制，将线上、线下教学和管理合理融合，制定了配套的实施方案，并开展了两轮的线上线下相结合的课堂实践教学。

（2）创新地设计了线上线下相结合的教学管理模式，为学生提供了全新学习模式，学生可以随时随地，按照需求自主学习，保证了学生课前自学习的积极性和学习效果，让以学生为主体的翻转课堂得以落地。

（3）本项目提出的混合式教学模式及其配套的考试机制让优质资源本土化成为可能，具有很强的可复制性，可在不同高校、不同专业、不同课程上使用，为缓解当前我国中西部地区高等教育资源匮乏提供了一种行之有效的解决方式。

12 基于 TPACK 的石油行业背景高校青年教师教学能力研究

12.1 研究背景

教师队伍建设是高校发展中的一个核心问题，是否拥有一支高水平的教师队伍、一个行之有效的教师发展计划以及一套广泛受益的教师激励机制，成为衡量教师队伍建设的关键指标。在教师队伍中青年教师是我们关注的重点，目前多数高校的理工科青年教师存在一个普遍的问题，那就是欠缺教学研究能力。由于他们参加工作时间短，既没有实践教学经验，又没有经过系统的师范专业训练，有的教师甚至连教学的基本要求都无法达到。特别是现代石油工业的发展对青年教师在国际化、复合型和应用型等方面提出了更高的要求。当然出现这些问题的原因是多方面的，外部环境方面和教师自身方面都有。

12.2 现代石油工业特点

现代石油工业发端于 1855 年美国宾夕法尼亚州的泰特斯维尔村，经过工业化以及后工业化时代的发展，越来越呈现出资金密集、技术密集、人员密集和高度国际化的特点。特别是近些年，海洋石油成为开发热点，对我国的基础工业，装备制造业以及相关人才的培养提出了更高的要求。

石油行业是一个多学科交叉，工作环境比较恶劣的一个行业，其对人才的需求也是多个层面的。一方面，需要王进喜式的吃苦耐劳石油基层工作者；另一方面，也需要运筹帷幄的国际石油贸易精英；还需要掌握核心技术能解决石油从采到销售过程中技术难题的高级技术人员。在教学实践中广大的青年教师也应从这些方面着重对学生进行培养，特别是“三老四严”中国石油人传统精神品质的养成。

12.3 TPACK 概念及内涵

20 世纪 80 年代，一场关于教师专业知识的争论在教育界迅速扩散。到底是学科知识还是一般教学法知识对教师的有效教学更重要呢？这就形成了教师专业上“学术性”和“师范性”的争论。为此，舒尔曼提出了PCK（Pedagogical Content Knowledge）的概念，即学科教学法知识，将学科知识与一般教学法知识结合起来[35]。

PCK在教育实践应用方面取得了一定作用，为学科教学开启了新思路。研究者们继续深入研究实践应用的同时，也积极完善PCK框架结构，如Koehler、Mishra等进行了深入研究，开始探讨“技术”元素加入PCK框架里。由此，在PCK的基础上，学术界出现了TPACK（Technological Pedagogical and Content Knowledge）的框架结构，即整合技术的学科教学法知识[36]，框架结构如图12-1所示。

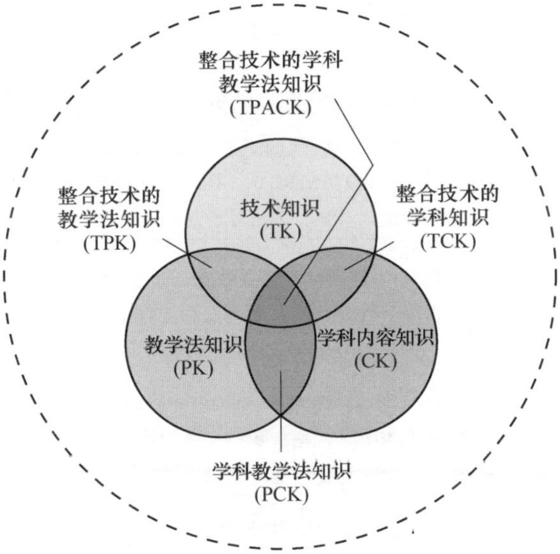

图12-1 TPACK框架结构示意图[37]

TPACK框架包括7类知识，分别是技术知识（TK，Technological Knowledge）、教学法知识（PK，Pedagogical Knowledge）、学科内容知识（CK，Content Knowledge）、学科教学法知识（PCK，Pedagogical Content Knowledge）、整合技术的学科知识（TCK，Technological Content Knowledge）、整合技术的教学法知识（TPK，Technological Pedagogical Knowledge）以及整合技术的学科教学法知识（TPCK，Technological Pedagogical Content Knowledge）[38]。

TPACK和PCK两框架结构中的PK、CK和PCK含义是一致的，下面将PCK和TPACK所包含的知识类别进行对比分析，见表12-1。

表 12-1 PCK 和 TPACK 框架结构对比

PCK 框架	教学法知识（PK）	PK 指各学科在教和学过程中的一般性策略和方法，是教育学相关的知识，包括教学规律、教学心理、课堂组织管理等。高校教师在岗前参加的各省统一培训，其培训内容主要是 PK 知识，是与教育教学紧密相关的知识内容
	学科内容知识（CK）	CK 是指特定学科所具有的专门性知识，要求高校教师的学科内容知识要有一定的深度和广度。这里的知识是广义范畴的，包括了知识、技能、原理、理论、实验等与学科相关的内容体系。例如，石油学科具有油气田勘探基础知识、油气钻井原理、油气储运技术等知识；师范学科具有教育学、心理学、师范生教学技能等知识；艺术学科具有声、台、行、表四大能力知识
	学科教学法知识（PCK）	学科之间必然存在差异性，这是学科存在的根本原因。每个学科都有属于自己特色的教学法内容。学科教学中关键的是学科知识、学科思想和学科方法。除了在教学中注重学科知识外，还要针对不同教学内容选择恰当的教学方法
TPACK 框架	技术知识（TK）	TK 包括数字技术、互联网和软件应用等技术知识。TK 在 TPCK 框架中是最具变化的内容。时代的不同，科学技术随着时间的推移而变迁。比如，互联网从 Web1.0，Web2.0，Web3.0 快速发展。第三次浪潮——信息革命对政治、经济、社会、文化等多方面造成了巨大影响
	整合技术的学科知识（TCK）	TCK 即是把 TK 和 CK 二者融合，将技术知识和学科知识整合应用，探究技术支持下学科教学的发展与变革。对于某些学科内容，选择技术手段辅助教学，能够把不易表述清楚的内容形象直观地呈现出来
	整合技术的教学法知识（TPK）	TK 与 PK 整合，探究技术辅助教学法知识的发展。在技术支持下，教学手段、教学方法、教学过程、教学评价等内容的发展，促进教学效果和教学效率的提高。高校教师需要掌握现代教育技术知识，并在教学中加以灵活运用
	整合技术的学科教学法知识（TPCK）	TPCK 对高校教师来说要求很高，教师既要具有扎实的学科知识，是学科专家；又要具有深厚的教学法相关知识，是教育专家；教师还要具有技术知识，对技术领域熟悉，并能够把技术知识与课堂教学实践有机结合

12.4 行业高校青年教师的 TPCK 特征分析

本书作者采用问卷调查法和访谈法并以西南石油大学石油类、四川师范大学师范类、四川音乐学院艺术类青年教师作为样本对象，共发放问卷 300 份。调查的内容围绕青年教师的教学能力，对他们的专业发展、学习和生活等进行了深入研究，主要得出了下述的结论。

12.4.1 教师毕业留校比例大，“近亲繁殖”使CK结构单一

由于行业类院校的专业特殊性，使得大部分青年教师是本校的优秀毕业生留校，学校有很强的“近亲繁殖”痕迹。被调查教师中，高达43%的教师是毕业留校，55%的教师是国内其他大学受聘于该校，2%的教师是国外大学毕业回国任教。有相当比例的青年教师来自毕业留校，虽然他们比较熟悉学校文化和学院情况，但他们的思维模式、学科内容知识结构相似度高。从长远来看，这样的“近亲繁殖”并非完全有利于学校的发展。

此外，调查样本中教龄在3年以下的教师占17.5%，3~5年的教师占16.7%，6~10年的教师占29.8%，10年以上的教师占36.0%。从中发现，来自毕业留校的高校教师教龄低，除了就读期间参加的课程实践，根本没有深入行业实践的经历，工程实践知识欠缺，没有实践教学能力，知识结构比较狭窄，CK结构单一、不系统，不能适应当下教学的需要。因此有必要对教师的知识结构进行调整，如进行教师教育知识培训，拓宽他们的知识领域，加快他们的成长。另外也可以借助信息化手段进行一些教育改革。

12.4.2 教师高学历、低职称，欠缺教学法知识

我国高等教育采用细分化的，专业性的教育模式，各专业的界限比较明晰，不过一些高校近些年也在尝试学生入校时不分文理和专业，学生自由选课，到高年级开始分流学生才进行系、科或者专业的选择。这种专业化高等教育模式培养人才的显著特点就是知识面相对狭窄，缺少系统的教学法知识（PK）。特别是一些理工类专业，这样的矛盾更为突出。另一方面人才的选拔机制也比较单一和片面，学校对选拔人才的学历水平门槛较高。被调查教师中，42.1%的教师是博士研究生学历，46.5%的教师是硕士研究生学历，11.4%的教师是本科学历；教师的学历层次高，但是职称普遍较低，15.8%的教师是助教，40.4%是讲师，低职称教师人数占了总调查教师人数的一半以上。

而学校把学位高低，科研成果多寡和专业能力强弱等作为主要标准，忽视了文化修养、综合素质、团队精神和教师素养等的考察。其结果就是一部分教师虽然学历高，专业能力强，但是教师素养较低，表达能力弱，教学法知识（PK）薄弱。在和他们交流的过程中了解到，从本科，到硕士，再到博士的学习过程中都没有接受过专门的教师素养的教育，仅仅是从一些短期培训、讲座和自学中慢慢积累，然而教学法知识是需要长期专门的训练。调查数据显示，97.4%的教师在教学中经常采用讲授法教学，从未使用任务驱动法的教师占14.9%，从未使用分组合作法的教师占10.5%。教师的教学法知识（PK）相当欠缺，最终导致课堂教学枯燥无味，不能将知识让学生触类旁通，举一反三。

12.4.3　教师对 PK、TK 的作用认可度高，但仍需提高 TPK 水平

教师的职业素养是当代教师质量的集中体现，它以承认教师职业是一个专业性的职业为前提，就如同对律师和医生。对于教师的专业性我们可以从 3 个方面来分析，（1）作为专业的职业实践必须有专业理论知识作依据，有专门的技能作保证。随着教育信息化的不断发展，整合技术的教学法知识（TPK），即现代教育技术知识是教师所必须具备的。作为教师，教育学、心理学和传播学是专业理论知识；口头表达能力、书面表达能力、观察能力、聆听能力等是专门技能。（2）每一个专业还必须有与其他专业相区别的专业要求，方能具有独立专业的资格。（3）作为专业的职业，承担着重要的社会责任。

从调查中发现，高校教师能够认识到教育学、心理学知识对认识学生学习规律、选择恰当的教学方法、制定相应的教学策略具有重要作用。调查样本中认为教育理论知识对教学作用很大的占 30. 7%，作用比较大的占 46. 5%，作用一般的占 21. 9%，作用不大的占 0. 9%。认为现代教育技术知识对教学作用很大的占 21. 9%，作用比较大的占 52. 6%，作用一般的占 24. 6%，作用不大的占 0. 9%。教师的意识层面已经达到了相当高的水平，但是实际运用 TPK 的水平不高。调查数据显示，被调查的工科类教师中有师范技能训练经历的占 13. 2%，师范类教师中有师范技能训练经历的占 33. 3%。可以看出，教师的师范技能是比较薄弱的；同时，在实际课堂运用方面，教师的现代教育技术知识和能力也是比较欠缺的。教师虽然懂教育学、心理学和现代教育技术的理论知识，但是它们用于指导教师教学还是存在一定差距。教师需要更深入地理解这些知识，不仅是学习理论，而且要注重指导实际教学，不断反思、总结和提升。

12.4.4　教师的行业实践经验匮乏

工科院校主干专业对人才的培养目标是专业工程技术人员，他们的一项核心竞争力便是工程实践能力，而这种能力的培养主要体现在工程实践教学中。高校青年教师充满活力，能够很快地接受新知识，知识面较广。但是他们大多是从家门到学校校门，从一个学校门到另一个学校门的“三门教师”，工程实践较少，甚至没有。调查样本中没有行业经验的教师总共占 25. 4%，其中工科类教师没有行业经验的占 11. 4%，师范类教师没有行业经验的占 14. 0%，艺术类教师都有行业经验。虽然调查样本中有行业经验的教师高达 74. 6%，但通过访谈发现，相当一部分教师的行业经验是在读期间为达到毕业条件而进行的实习，并非作为正式员工在该行业工作。同时，调查教师在当前教学中遇到的主要问题：专业领域知识不扎实占 20. 2%，教学方法运用不熟悉占 21. 9%，现代教育技术知识缺乏占 28. 9%，行业实践经验匮乏占 58. 8%。因为他们大多都是大学毕业就直接到另一

个大学或者留校任教，没有在行业的工作一线参加过工程设计，技术改革或生产实践，最终导致在指导学生实验、实习、实训和毕业设计时，实践操作能力弱，动手能力也较差。

12.5 石油高校工科青年教师教学研究能力提升计划

从前述分析可知，理工科青年教师普遍具有年龄低、教龄低、职称低和学历高的特点。他们关注自身教学研究能力；面对教学研究中的问题，积极探索问题的解决途径；容易接受新思想新观念，努力提高教学研究能力；期望借助身边榜样的力量发展自我，渴望得到学校、同事和学生的认可。但是相当部分工科青年教师的现状与当下高等教育发展出现了很大的矛盾。如何化解矛盾，提升教师教学研究能力？作者团队从青年教师的需求出发，立足于校本实际，设计教学研究能力提升计划，从而在一个较短的周期内达到理想的效果。

12.5.1 理工科青年教师需求分析

由现代管理学的研究成果获知，人类的工作动机来自于需求的满足，不同类型的人群有不同的需求，而需求可以划分层次。同理教师的工作动机都也是为了满足的一定需求。对于理工科青年教师，可以从外在动机和内在动机两个方面来分析他们的需求。

12.5.1.1 外在动机所产生的需求

这方面主要表现在教师自我管理需求、高薪回报需求、工作环境需求等方面。高校教师是一个比较特殊的职业，特别在管理上需要一定的自我空间，一些陈旧的管理观念和方式已经不能适应现在的情况。教师在教学活动中需要更大的自由度，管理上可以探索更多的过程性管理，评价性管理模式。经过几轮工资改革后教师收入有一定提高，但是青年教师一直是高校教师中的低收入群体，他们工资外的收入大部分只能靠给科研大户“打工”，或者上更多的课获得，这样靠增加工作量，不靠增加工作质的方式不利于教师的发展。工科的教学科研开展对工作环境有很大的依靠，没有仪器设备，很多工作无法开展，相对文科和部分理科这方面有更高的需求。

12.5.1.2 内在动机所产生的需求

这方面主要表现在教师自我发展需求、实现目标需求、获得成就需求等方面。内在动机是人类行为的原动力，在很多情况下内在动机的满足更能激起教师的工作动力。青年教师有非常强烈的自我发展需求、实现目标需求和获得成就需求，他们刚刚完成角色的转换，需要在新的领域中得到肯定，需要有晋升的通道，需要一种前途光明的心理感受。在这些正能量的驱动下，他们更能够在工作中做出一番成就。

理工科青年教师的行为正是基于这些动机的内外作用，如何因势利导、利用动机满足他们的实际需求是工科青年教师培养的一项重要工作。

12.5.2 理工科青年教师教学研究能力提升计划

根据理工科青年教师的内外动机，并立足于校本实际，能够总结出理工科青年教师的学习需要和教学研究能力实际水平。通过深入研究理工科青年教师具有的心理特征，从 TPACK 框架结构入手，能够制定出更加切实可行、符合教师需求以及利于本校发展的教学研究能力提升计划。

通过加强新教师教学研究能力培训，以提高技术知识（TK）、整合技术的教学法知识（TPK）水平；通过青年教师学习共同体巩固教学法知识（PK）；通过加强青年教师行业实践锻炼、设立青年教师教学研究基金，完善学科内容知识（CK）。并通过以上方式的综合应用，整体提高教师的 TPCK 知识，促进青年教师发展。

12.5.2.1 继续加强新教师教学能力培训

一般高校的惯例做法就是新教师在上岗之前进行一次短期的，集中的教学技能培训。这样的做法显然无法使工科青年教师学到实用的教学技巧，这样的培训通常是上大课，理论性较强，一些教学技术和技巧没有详细的阐述，不能进行多次练习。如果把培训分散到每个学期进行，青年教师可以边实践边提高，这样可以提高培训的效果和效率。与基础教育不同，高等教育的学科门类众多，很难出现“师傅带徒弟”的情况，所以很多教育规律需要教师自己探索，把培训分散到青年工科教师的教学生涯中，才能结合教学中的实际问题，真正提高他们的教学水平，促进他们成长成才。

在调查中发现，教师认为提升高校青年教师教学能力的有效方式依次是教学实践、外出进修、行业实践和教研活动等。近三年，教师参加的教学能力培训主要形式有讲座培训、科研或课程进修、学术会议、学历提升、行业实践锻炼等。针对青年教师的教学能力培训，形式可以呈现多样性，多元化：内部经验交流，外请专家讲座，兴趣沙龙等都是可以的形式，学校也应给予这样的教学研究活动时间、工作量承认和经费的支持，保证活动的可持续性。

12.5.2.2 注重导师“传帮带”作用，构建青年教师学习共同体

学习共同体的作用是促进团体成员之间的交流、分享，通过互相学习和互相影响，不断提高青年教师教学能力。学习共同体可以通过两种途径运作，一是为青年教师指定教学导师，发挥导师的“传帮带”作用；二是搭建教师合作平台，加强教研室、课题组之间的合作交流，促进青年教师教学能力的提升。

调查数据显示，54.4%的教师有“传帮带”经历，45.6%的教师没有。并且

43%的教师认为“传帮带”对教师的教学能力很有效。青年教师缺乏课堂教学经验，所以学校应该为每位新入校的青年教师指定教学导师，青年教师要有一年的教学实习期。在一年的教学实习期内，教学导师负责指导青年教师的教学技能、技巧、表达和仪态等，青年教师必须在校内听课，对象为教学导师、各级教学名师，听课的数量每学期不少于32节，听课时应做好听课笔记，听完课后及时反省和总结，并与教学导师沟通。教学导师应做好青年教师教学能力提升的培养计划，有针对性地开展培养工作。

传统的高校教师工作方式具有典型的个人主义的特征，在整个孤立主义的文化背景和垂直控制的管理模式下，教师和社会、教师之间的关系相对隔绝。然而随着社会进步，教师角色转变，教师的合作迫在眉睫，特别是青年教师之间的合作，我们应该建立具备长效运作机制的教师合作机构，为他们搭建合作平台。教师的合作一般出现在四个场景中：一是关于教学的日常交谈；二是协同进行教学设计、教材开发和教育方法研究；三是观察同事的教学；四是同事间就新的点子、实践方法等相互授受。教研室、课题组等组织能够为教师合作发挥一定积极作用，但专业性不够强。近年各高校纷纷成立教师发展中心，为促进教师合作发挥了很好的作用，给青年教师搭建了合作平台。

12.5.2.3 增加青年教师行业实践机会，培养“双师型”教师

具有教育智慧，是未来教师专业素养达到成熟水平的标志。教师的教育智慧集中表现在教育、教学实践中：他具有敏锐感受、准确判断生成和变动过程中可能出现的新情势和新问题的能力；具有把握教育时机、转化教育矛盾和冲突的机智；具有根据对象实际和面临的情境及时做出决策和选择、调节教育行为的魄力；具有使学生积极投入学校生活，热爱学习和创造，愿意与他人进行心灵对话的魅力。教师的教育智慧使他的工作进入到科学和艺术结合的境界，充分展现出个性的独特风格。教育对于他而言，不仅是一种工作，也是一种享受。

目前，越来越多的学校要求教师既有教学能力，又要有行业工作经验，要求教师是“双师型”的复合型人才。高校教师不仅能够进行课堂教学，而且还能进行实践教学；高校教师不仅能做教学科研，还能指导学生实践实习。在TPACK框架结构中也强调教师应具有TPCK，要求教师既是学科专家，又是教育专家，还要具有技术知识。这与“双师型”教师的内涵是一致的。

在调查中发现，青年教师学历高，但缺乏社会阅历，不了解行业实际情况。学校和学院可以建立有效机制，增加青年教师行业实践的机会。比如，组织青年教师到工作一线参观调研；与校外实习基地联系，安排青年教师到生产一线工作体验。开展校企合作，学校青年教师与行业熟手合作，相互交流学习，让青年教师深入实际工作环境，体验行业工作，了解行业情况，提高专业教师的“双师素质”。

12.5.2.4 设立青年教师教学研究基金

青年教师由于资历浅，职称低，很难获得一些高级别研究项目支持，自己单干又缺乏资金，建立一个让青年教师广泛受益的教学研究基金就能很好地解决这些问题。利用青年教师专业知识扎实、外语水平较高的条件，鼓励青年教师进行教学研究，了解课堂与实践教学，形成研究成果。对于应用性成果，可以小范围内推广使用，激发青年教师对教学研究和课堂教学的兴趣。青年教师教学研究基金评审委员会对申报研究项目进行评估，重点支持。这些项目一旦成功，就可以向更高级别申报，研究成果对教师自己和学校都是有益的。比如西南石油大学就建立了一套完善的体系，体系由“拔尖人才”培养计划、“优秀人才”培养计划，“中青年骨干教师”培养计划和“实验室中青年骨干人员”培养计划 4 个计划构成，体系为青年教师上升提供了渠道，研究提供了资金支持，极大地促进教师的发展。

另外，工科类院校应加大和师范学校的合作力度，将一些好的教师教育方法引入到青年教师培养上来，促进青年教师的全面发展。

13 高校云桌面建设模式的探索及应用

13.1 背景与思路

13.1.1 立项背景

随着计算机技术的迅速发展及普及，高校信息化教学水平不断提升，多媒体教学因其可使用图、文、声、像以及交互等多种技术手段，促进师生间的交流，提高教学效率，成为高校教学的主要形式。各高校均加大力度建设多媒体教室及教学机房，西南石油大学成都校区共有218间多媒体教室以及11间教学公共机房，承担了整个学校94%以上的教学任务，力求为师生提供优质的教学环境。由于多媒体教室及机房建设是分批次进行，购买的计算机型号不一，配置差异大，且分布广泛，使得后期管理维护工作难度陡增，不利于教学活动的有序开展；现有的管理模式已经无法满足教学及时性的需要，有必要引入更加高效稳定设备管理模式。云桌面的发展为计算机集中批量管理提供了可实现性，利用云计算虚拟化技术建设学校的教育云桌面教室及机房，能够简化管理模式，有助于促进高校教学信息化的发展。

目前，西南石油大学成都校区的多媒体教室主要分布在学校的一期、二期部分区域。一期主要分布在思学楼、博学楼、图书馆C区部分区域；二期主要分布在四大明楼，即明志楼、明德楼、明理楼、明辨楼。西南石油大学成都校区的教学公共机房位于思学楼，共有9间机房，每层楼3间，每间机房有70台机器。这些公共机房为全校提供基础课程及某些学院的专业课程提供服务。多媒体教室和机房作为教学的主要场所，计算机故障率的高低直接影响着教学进度，传统PC机在管理运维过程中存在以下一些问题。

A 管理维护压力大

多媒体教室和机房承载着学校教学任务。管理技术人员不仅要为教师、学生活动提供多媒体设备、计算机使用指导及日常保障，还要根据学院教学需求对机房进行排课、调课，使得后期管理维护任务异常繁重。同时，由于多媒体教室地理位置跨度大、数量多，当上课高峰期出现突发状况时，现有管理人员难以兼顾所有的故障并及时处理，容易影响教师的正常教学进度。

B 软件运维效率低

机房和多媒体教室预设安装的是基本常规使用软件。不同专业、不同课程对软件的需求不同，要依据教师的授课情况在相应的多媒体教室和机房进行软件安装，单台安装需要耗费管理技术人员大量的时间。由于机房和教室是面向全校教学，当计算机安装大量专业软件，如 3D MAX、CAD、Premiere 等，会造成计算机卡顿甚至崩溃，有的软件还不支持多版本兼容，导致有不同版本需求的教师无法在同一计算机上进行操作，灵活性较低。在特定情况需要在大部分教室安装或升级某一软件时，管理技术人员只能到每间教室对软件进行升级安装，无法进行批量操作，使得软件运维效率较低。

C 考试环境部署耗时长

国家级大型考试如全国计算机等级考试、注册会计师考试、成人教育考试等均对计算机考试环境部署有不同的要求，在考试之前需要利用机房管理系统通过系统同传的方式，对每间机房的所有计算机进行考试环境部署。此外，考试结束之后，还需要管理技术人员将每间机房的计算机还原为教学模式，整个部署过程耗时耗力，无法满足考试环境部署高效快捷的需求。

D 安全隐患风险高

多媒体教室和机房使用频率高、使用人员不固定，虽然有杀毒软件以及还原保护等防御措施，但是师生经常需要通过移动存储介质（如 U 盘、硬盘等）将里面的课件资料拷贝到计算机上，且在不同的教室及机房来回使用，极易造成病毒在多个教室进行快速传播，造成文件丢失、设备损坏、系统崩溃等故障，影响教学正常使用。此外，部分使用者的安全意识淡薄，忽略杀毒的重要性，将携带病毒的移动存储介质随意插拔，容易使自己电脑遭受病毒的攻击，造成重要数据、文件的丢失损坏，具有较高的安全风险隐患。

13.1.2 研究与改革的指导思想和基本思路

云桌面技术是一种基于虚拟化技术的终端操作系统交付与管理方案，可以根据业务场景的不同，定制标准化的系统模板。云桌面可以有效地提高终端的操作系统部署与运维效率。常见的虚拟云桌面主要有以下 3 种结构：虚拟桌面基础架构（VDI，Virtual Desktop Infrastructure），虚拟操作系统基础架构（VOI，Virtual Operating system Infrastructure）以及智能桌面虚拟化架构（IDV，Intelligent Desktop Virtualization）。

在项目研究工作中，针对西南石油大学的实际情况，分析了该校传统多媒体教室和教学公共机房存在的基本问题；针对西南石油大学云桌面实施的项目目标，提出了基于 VOI 的多媒体教室云桌面建设方案、基于 VDI 的教学公共机房云桌面建设方案，阐述了基于 VOI、VDI 两种架构的云桌面拓扑结构。云桌面建设方案不仅提高了学校多媒体教室和教学公共机房的管理效率，也更好地促进了高校教学信息化的发展。

13.2 项目研究与改革实践

针对上述存在的问题，搭建学校教育桌面云机房及多媒体教室，使用教育桌面云方案代替传统 PC 机，充分利用主机计算能力、存储空间，进行集中管理和维护。通过教育桌面云集中管理平台对所有服务器、虚拟桌面、用户、终端进行统一管理，从而大大降低运维难度，降低 TCO，节能减排，简化机房和多媒体教室管理，提升管理水平。

本项目拟对西南石油大学成都校区的 218 间多媒体教室进行基于 VOI 云桌面架构的多媒体教室部署，以及对思学楼 6 间教学公共机房进行基于 VDI 云桌面架构的建设，力求提升教学效率、保障教学活动顺利高质量地运行，助力学校信息化发展。

13.2.1 基于 VOI 的多媒体教室建设研究

西南石油大学成都校区的多媒体教室采用的建设方案为基于 VOI 云桌面架构的多媒体教室部署。其中，云桌面服务器搭建在思学楼服务器机房。搭建模块包含 H3C 的核心交换机、Console-HA 主控服务器和 14 个节点服务器（Agent1～Agent14），用于多媒体教室和教学公共机房的 VOI、VDI 架构使用。其中，节点 Agent8 服务器主要负责供 VOI 架构使用。网络部分包含管理网络、数据网络、存储网络。在服务器机房内，安装的精密空调可保证服务器模块温度维持在 22℃左右；此外，在思学楼建有 UPS 服务器机房，UPS 服务器机房内的增压模块能将常规电压 220V 升压至 380V，以保证服务器机房断电后精密空调等设备的正常供电。

在云桌面管理平台的 VOI 架构模块中，运用较多的是桌面、模板、终端等功能。桌面负责管理多媒体教室计算机的教学桌面情况；模板负责编辑不同型号计算机的系统概况；终端负责管理多媒体教室计算机的终端数、场景数等情况。

在云桌面管理平台中，“桌面→教学桌面”栏目展示了 VOI 架构下所构建的不同型号计算机的场景使用情况，包括场景名、所属教室、是否激活、在线桌面数、桌面模板、还原属性等特征；“模板→教学模板”栏目展示了 VOI 架构下所构建的不同品牌和型号的多媒体教室计算机教学模板，模板可新增、编辑、删除。

西南石油大学成都校区的多媒体教室主要分布在学校的一、二期各个区域。进行 VOI 架构建设后，这些区域的教师计算机既拥有自己的本地系统，又能够高效地被 VOI 所管理起来，实现了高校多媒体教室的统一管理。其中，VOI 架构下多媒体教室云桌面实施网络拓扑图如图 13-1 所示。

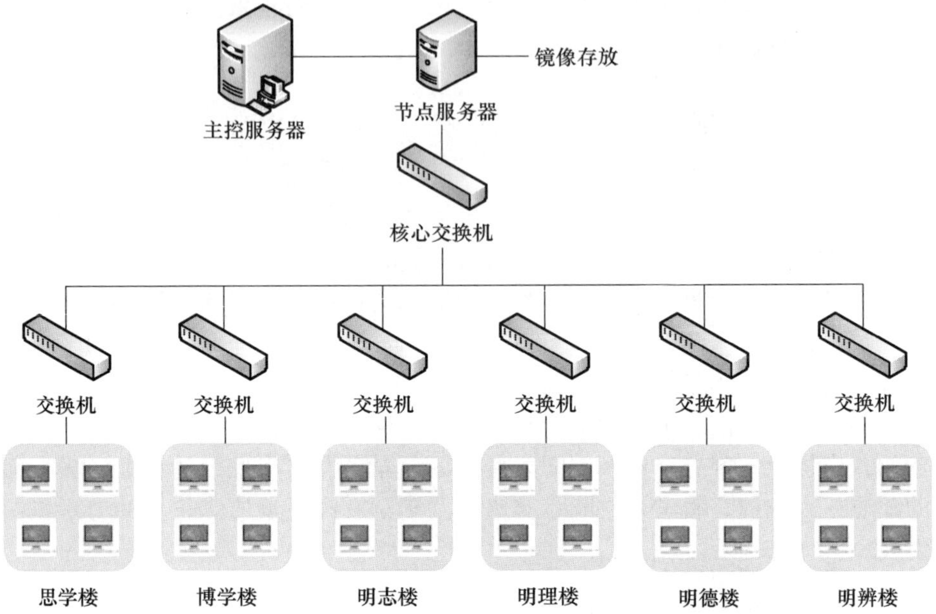

图 13-1　基于 VOI 的多媒体教室云桌面实施网络拓扑图

13.2.2　基于 VDI 的教学公共机房建设研究

VDI 云桌面，采用集中管理和集中计算，终端机不进行计算，通过网络在服务器端存储数据、进行计算。VDI 的优势在于集中管理、数据安全和桌面漫游。

西南石油大学成都校区的公共机房位于思学楼，共有 9 间机房，每层楼 3 间，每间机房有 70 台机器。这些公共机房为全校提供基础课程及某些学院的专业课程提供服务。以下列举了某些使用的场景。

（1）日常教学上，用于大学计算机基础、CAD 制图、Photoshop 等课程使用。不同的课程可能需要不同的操作系统，如留学生上课需要用英文操作系统，上课前需要将操作系统切换到英文系统。

（2）计算机等级考试需要用专用的操作系统，根据考试的要求装专业的软件。机房内需要配备服务器，用于管理考试机，服务器装有加密锁，用于进行开启与结束考试等重要的操作。机房内配备服务器的这种模式需要使用传统的计算机或工作站等。

（3）社会考试，如 ATA、ATS 等招聘考试。每一项考试需独立纯净操作系统，用于安装考试用软件。创建不同的云模板，可以快速地实现系统调试、软件安装及系统终端部署。

西南石油大学成都校区建设了6间云桌面机房，以下就云桌面的建设与部署进行简单介绍。

（1）UPS配置。云桌面的服务器端通过UPS机房供电，UPS机房部署在思学楼一楼，服务器机房部署在思学楼三楼，服务器机房与UPS的电源线路在10米以内。

（2）服务器配置。VDI云桌面的存储与计算依赖服务器端，所以需要配置多台高性能的服务器。三楼的云桌面服务器采用了DELL R630服务器，四楼的云桌面服务器采用了浪潮的NF5280M5服务器。

（3）云桌面构建设备组成。整套云桌面环境所用到的重要设备：主备控服务器、节点服务器、储存服务器、存储交换机、服务器机房网络交换机、终端机房网络交换机、终端机等。

以下展示了西南石油大学成都校区教学公共机房中VDI架构下云桌面各部分设备的部署情况。

（1）服务器端部署。VDI的计算与存储都在服务器端进行，西南石油大学目前有6间云桌面机房，每间机房70台终端，服务器采用15台高性能的服务器，其中有两台的主备控服务器，在发生故障时，主备控服务器可以完成无感知切换，避免了主控服务器宕机后终端大面积不能使用，造成教学事故。三楼的3间机房的云桌面架构除了服务器之外还有存储服务器，用于存储教学桌面的虚拟系统，存储服务器与节点服务器之间通过存储交换机连接；四楼的3间机房在噢易公司的云桌面升级之后建设成，节点服务器与终端之间直接通过网络连接，在使用中，可以感受到后者的反应速度更快。

（2）网络线路部署。VDI服务器直接连接核心交换机，核心交换机通过光纤连接到机房交换机，机房交换机通过6类线连接到终端机，部署过程中要注意减少VDI服务器与终端机之间的路由器或交换机的数量，采用较短的线路，以实现较快的传输速度与良好的用户体验。考虑到机房内有70台终端机，所以每间机房大约需要3台交换机，交换机之间通过堆叠方式进行连接。

（3）机房终端部署。机房终端机采用噢易云终端，体积较小，需要配置显示器、USB接口的键盘、鼠标等设备，显示器的分辨率大小不需要统一，云桌面技术可以自动匹配显示器的分辨率。

（4）服务平台、系统与软件的部署。服务平台通过网页访问。服务平台集中了对终端的管理，包括对服务器资源的查看、增减终端、部署操作系统与软件、远程监控终端、批量关机等。

云桌面的操作系统与软件可以直接在服务平台上部署，极大地方便了机房管理人员进行管理与维护。云桌面允许在服务平台上部署多套操作系统，通过创建模板来实现，创建模板大约需要 15 分钟，模板对应了终端的操作系统，在前面提到的应用场景中，留学生上课前，只需要在服务平台上将英文操作系统模板激活，其余的操作系统关闭，即可切换到英文操作系统，在办公室即可快速完成操作，服务平台还提供了课表，将不同的操作系统模板移动到课表内，设置好上课时间，服务平台便可自动完成不同操作系统的切换。

部署软件在服务平台的模板的编辑模式内进行，与平时在传统计算机上安装软件一样，软件装好后，需要更新才能同步到终端机。

对教学公共机房进行 VDI 架构建设后，机房的管理效率也大幅度提高。以下展示了西南石油大学成都校区教学公共机房中 VDI 架构下云桌面各部分设备的部署情况，VDI 云桌面的整体架构如图 13-2 所示。

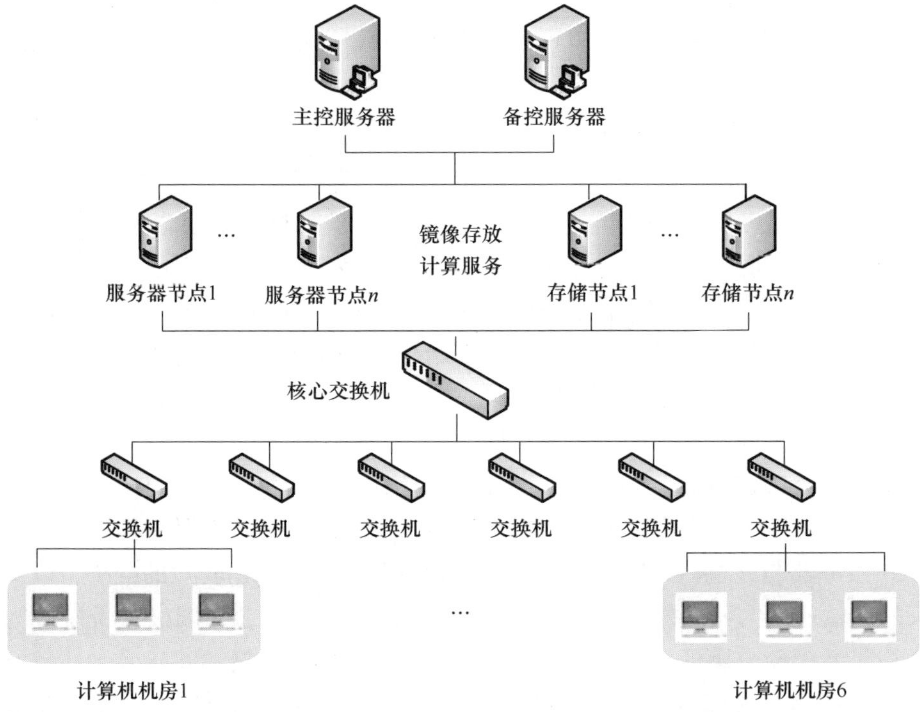

图 13-2　基于 VDI 的教学公共机房云桌面整体架构图

13.3　项目主要成果及推广应用情况

13.3.1　主要成果

通过云桌面的改造，西南石油大学在多媒体教室及机房运维的便捷性、安全性、效率等方面取得了较好的效果。

已经建成基于VDI架构的云桌面机房6间，基于VOI架构的云桌面多媒体教室200间。通过统一制作模板，批量管理终端，远程监控等，大幅提升了运维效率及设备的安全性，通过更及时的漏洞更新及病毒查杀等，提高了终端使用环境的安全性，由于普通的用户不能对操作系统进行更改，也增强了计算机系统的安全性。

13.3.2 推广应用情况

云桌面优势明显，同时也存在功能上的不足。展望云桌面的发展趋势，以便在以后的建设中更好地利用仍在快速发展的云桌面。

云桌面的优点：（1）方便管理。多终端的系统与软件部署都可以在办公室内快速完成，降低了运维成本。（2）资源可以合理调配。传统的计算机，硬件资源固定在单台计算机，多台终端的资源不能集中给某台终端使用。云桌面的计算与存储部署在服务器端，平时将资源平均调度给所有终端，在特定情况下，服务器可以将大量的资源集中到某台终端，进行单台终端的复杂计算。（3）桌面漫游。用户的使用不用局限在特定的地方或特定的设备，在有网络的地方，通过云桌面平台可以调出自己专有的桌面。不需要随时携带自己的硬件计算机。

云桌面的缺点：（1）对网络的要求极高。在服务器机房与终端机距离较远或网络较差时，操作反应速度可能会较慢，用户体验感变差。（2）差异化部署不方便。在服务平台上只能部署统一的模板，也就对应了终端机统一的操作系统，在同一间机房部署不同的操作系统及软件不方便。（3）外接设备识别仍存在困难。优盘等设备在终端接入后只能通过映射的方式到服务器识别，容易出现读取失败的故障。

云桌面的发展将有以下趋势：（1）桌面连接的多样化。不仅能支持Windows，也能够支持Linux或ARM等平台架构。（2）混合云。既能获得公有云的强大计算资源，也能将重要或隐秘的数据资料存放在本地，且给用户带来了可扩展的空间。（3）更好地移动使用。在手机、计算机、平板等设备上，均能使用同样的系统，方便用户在多设备之间进行切换，也更能体现云桌面的本能优势。

14　大数据分析实验室建设的探索与实践

14.1　项目概况

14.1.1　项目背景

近年来大数据成为新一代成熟和广泛应用的技术，已经成为教育行业、信息行业关注的重点。由于大数据实验室不仅要提供专业设备、基础的软件环境，还要提供大数据的运算环境及用于大数据的实战案例。学生要很好地掌握有关大数据的课程，除了理论学习，还要通过实验来加深理解理论知识和提高实际动手应用操作能力。目前西南石油大学计算机科学学院建立了 i9000 大数据应用开发平台，但是由于软件操作复杂并且没有专业大数据实验室教师指导，导致该系统未能推广使用。调研表明，数据挖掘与大数据分析实验所需要的软硬件环境都无法在学校现有的实验室中完成。因此，建设专门的大数据实验室是应大数据时代的必然选择，也是高校实验室科学发展的必由之路。

14.1.2　研究目标

全面落实“产、学、研、用”一体化的模式和思想，建立一个从教学（理论）、实践、科研和使用多角度注重培养专业人才和特色人才的大数据实验室。以项目为驱动，教学优先，管理服务配套，提高教育教学成效和人才培养质量为目的。

依托网信中心的技术支持以及计算机学院大数据实验室研究团队的师资和技术资源，利用大数据课程资源将理论教学、实验教学和大数据企业实战项目融为一体，由易而难，循序渐进，逐步提升学生的大数据技术水平。通过专业的大数据分析实验环境开展科研工作，为教师科研创新做支撑；学生将学到的算法分析与设计等理论知识运用到实际的数据分析过程中，将理论知识与实践相结合，提高学生的项目实践能力，为就业做充分准备。

14.2 项目研究过程

14.2.1 大数据实验室硬件环境建设

大数据实验室硬件[39]有服务器、终端电脑等相应的配套设备。服务器是大数据实验室建设的核心硬件平台，为大数据实验室的成果积累提供足够的存储空间、内存空间、云计算资源、镜像调度等资源支撑。终端电脑主要是支撑教师、学生及科研人员进行大数据实验课程及科研工作的开展。云计算集群接入设备将存储服务器和用户连接，用户通过容器调度中心调用镜像仓库中的镜像资源。大数据实验平台采用 B/S 结构，教师和学生采用终端电脑通过浏览器访问大数据实验平台资源。大数据实验室建设网络拓扑如图 14-1 所示。

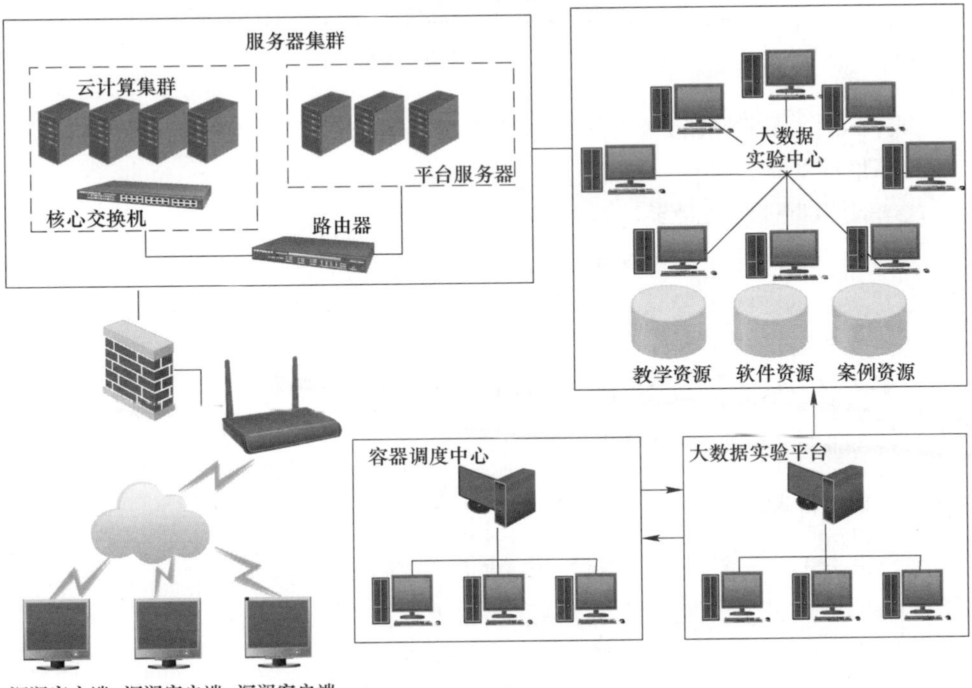

图 14-1 大数据实验室建设网络拓扑

14.2.2 大数据实验室软件环境建设

大数据实验室软件引进新开普的大数据实验平台，包含云计算管理系统、大数据课程管理系统、大数据在线实验系统、大数据云存储系统。大数据实验平台如图 14-2 所示。

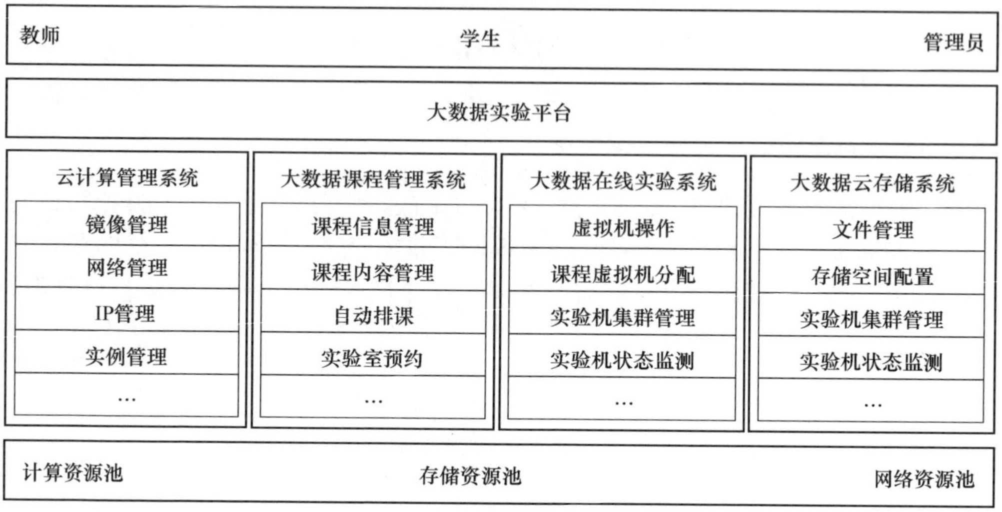

图 14-2 大数据实验平台

（1）云计算管理系统主要是实时监控云服务器总资源用量情况，以及镜像仓库使用情况的管理和操作。

（2）大数据课程管理系统设置了与大数据相应的课程内容，比如 hadoop、R 语言、Python 等，也可以自创新课程内容。

（3）大数据在线实验系统提供了大数据实验案例，配套实验手册。系统内嵌套多种大数据开发环境，包含多种大数据实验课程。

（4）大数据云存储系统主要是对用户存储空间的管理，可以上传、下载管理各种类型文件。

14.2.3 数据资源建设

大数据离不开海量的数据资源。在数字化校园建设背景下，西南石油大学经过多年的信息化建设，已经制定了信息化管理规范与技术标准，完善了网络安全和数据安全保障体系，建成了统一数据共享与交换平台、统一身份认证与授权管理平台、统一信息门户等三大公共支撑平台，OA 系统、财务系统、科研系统、人事系统[40]、教务系统、设备资产系统、学工系统等跨部门校级业务系统，校级业务系统基本实现全覆盖。网络和业务系统的多年运行，积累了大量的业务数据、运行数据和日志，对这些数据进行充分的挖掘和合理的分析，可以得出许多有价值的信息，实施部署大数据实验室具有良好的条件，也是一个良好的时机。在充分挖掘学校数据资源的同时，大数据实验室也收集了其他行业的数据，比如房地产、医疗等。

14.2.4 大数据实验课程体系的建设

为确保理论与实践的紧密结合，培养学生知识应用能力[41]，大数据实验室也配备大数据实验课程体系，包括教学大纲、实验文档、教学PPT、实战案例等配套资源，为教师教学和科研做支撑。数据科学与大数据技术课程体系如图14-3所示。

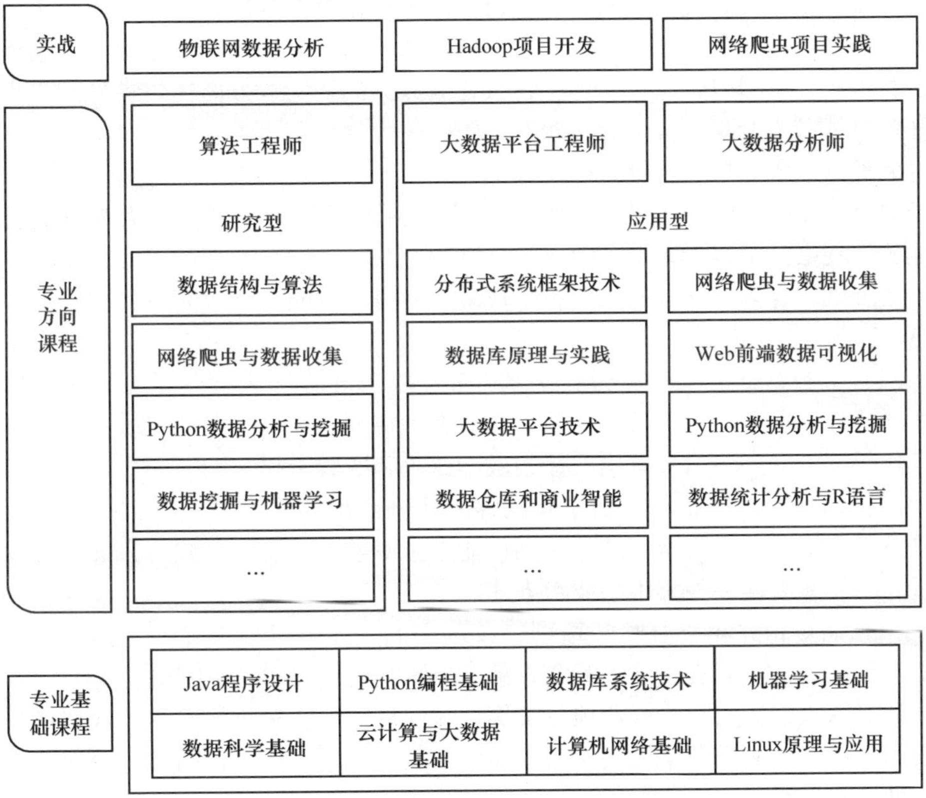

图14-3 数据科学与大数据技术课程体系

14.2.5 师资培养体系的建设

大数据实验室需要大数据人才专人进行管理。结合公司大数据实战项目经验，和网信中心共同构建大数据人才培养体系，满足相关专业及师资培训、技术交流、技术竞赛需要。网信中心技术人员后期承担大数据相关的培训任务及实验室管理工作，充分利用该实验室，满足技术交流、技术竞赛需要。

14.3 项目主要成果

大数据分析实验室建设的目标为教学优先，管理服务配套，提高教育教学成效和人才培养质量，利用虚拟化课程资源将理论教学、实践教学和大数据实战项目融为一体，由易而难，循序渐进，逐步提升学习技能和实践水平。通过专业的大数据分析平台，项目充分融合教师的科研需求开展科研工作，提升教师的科研创新能力，充分提高科研成效；学生将学到的数据挖掘算法等理论知识运用到实际的数据分析过程中，提升学生的动手操作和项目实践能力。一年内已经确保实验室提供的大数据平台给学校师生在教育大数据创新实践方面提供良好的实训实践平台。

取得的主要成果主要包含以下几部分。

（1）大数据分析实验室硬件环境建设。引进新开普完美校园大数据实验室一体机，它是整个实验室建设的核心硬件平台，它不仅是师生的大数据实训平台，还可以实现学生实验成果、教学成果、科研成果的存储，充分提供存储空间支撑。

（2）大数据分析实验平台教学基础实验课程建设。为大数据教学实训提供所需要的教学资源，包括教学课件、高清教学视频、实验任务、实验手册、实验参考代码等，提供多门具有实践性的教学课程和实验课程。

（3）满足大数据相关专业学生的课程实训需要。通过各种大数据行业项目案例及项目实践，提高学生的动手操作能力，使学生在设备上进行大数据开发及分析，培养大数据多种实用型技术人才。

（4）满足相关专业及师资培训、技术交流、技术竞赛需要。承担大数据相关的培训任务，充分利用该实验室，满足技术交流、技术竞赛需要。

通过深入剖析大数据行业项目案例，将理论知识、实践教学和大数据项目实战融为一体，快速提升学生的大数据实践技能。通过实际项目的锻炼，使得学生与企业无缝对接。

参考文献

[1] 缪蓉．网络技术与教育技术［M］．北京：北京大学出版社，2005.
[2] 中国教育和科研计算机网，https：//www. edu. cn/cernet_fu_wu/about_cernet/cernet_jian_jie/.
[3] 樊春花．数据中心机房动环监控系统的设计与实现［D］．青岛：青岛科技大学，2018.
[4] 数据中心 https：//baike. baidu. com/item/%E6%95%B0%E6%8D%AE%E4%B8%AD%E5%BF%83/967340？fr=aladdin 2020/7/26.
[5] 叶嘉琦．融合架构数据中心建设研究与实践［D］．天津：天津工业大学，2018.
[6] 数据中心存储网络架构 https：//searchnetworking. techtarget. com. cn/12-21005/.
[7] 云计算时代，数据中心架构三层到大二层的演变 https：//zhuanlan. zhihu. com/p/57541376.
[8] 陈婕．高校数据中心发展战略探讨［J］．电脑知识与技术，2013（9）：15-16.
[9] 吴兴龙．信息安全灾难恢复服务的重点与难点［J］．中国信息安全，2012（11）：78.
[10] 张艳．信息系统灾难备份和恢复技术的研究及实现［D］．成都：四川大学，2006.
[11] 简述数据中心四种数据备份方式．https：//blog. csdn. net/weixin _ 34067049/article/details/90508197.
[12] 宋庆东．当前推进军队院校教学保障创新发展的思考［J］．中国现代教育装备，2019（5）：85-87.
[13] 陈晴霞．基于云平台的地方本科院校英语专业教学资源库建设研究［J］．农村经济与科技，2017，28（24）：275.
[14] 孔凡胜．校园一卡通式多媒体教学系统的管理与维护［J］．山东工业技术，2018（19）：232-233.
[15] 田利朋，胡万德．基于云计算的优质教育资源共享平台设计［J］．教育信息技术，2014（Z1）：157-159.
[16] 王培顺，饶炎锋，王培．文科院校智慧教室功能需求调查分析——以中南财经政法大学为例［J］．中国教育信息化，2018（17）：75-78.
[17] 殷斌．智慧教室建设现状及发展方向［J］．现代信息科技，2018，2（12）：135-137.
[18] 陈基晶．高校慕课课程的合理使用问题研究［D］．湘潭：湘潭大学，2016.
[19] 李彬，谢翟，段渭军，等．基于 Kinect 的课堂教学状态监测系统［J］．传感器与微系统，2017，36（1）：67-70.
[20] 赵晓君，邓璐娟，张志锋．基于“互联网+”的以学生为中心的课堂教学评价探讨［J］．河南教育（高教），2019（3）：96-99.
[21] 王倩雯．基于学生发展的高校教师教学能力提升研究［D］．咸阳：西北农林科技大学，2018.
[22] 付文龙．高校多媒体教室的管理和维修维护［J］．教书育人（高教论坛），2017（33）：54-55.
[23] 郭庆林．基于实时数据采集的本科高校多媒体智能教室综合管理信息系统的分析与设计［J］．电子测试，2016（11）：145-146.
[24] 王艳娥．基于三茗云教室技术的旧机房改造研究［J］．电脑知识与技术，2019，15

(3)：258-259.

[25] 胡伦，高云．桌面虚拟化在高校图书馆管理与服务中的应用［J］．宁波工程学院学报，2016，28（3）：24-27.

[26] 李飞．信息安全理论与技术［M］．西安：西安电子科技大学出版社，2010

[27] 钟斌．校园网络安全的改进［D］．重庆：重庆大学：2006.

[28] 李宁．物联网基础理论与应用［M］．北京：北京邮电大学出版社，2012.

[29] 徐婧．信息安全内涵属性的系统性分析［D］．南京：东南大学，2007.

[30] 赵亮．信息系统安全评估理论及其群决策方法研究［D］．上海：上海交通大学，2011.

[31] 庞南．信息安全管理教程［M］．北京：中国人民公安大学出版社，2006.

[32] 吴刚，刑治俊，符瑞武．信息安全体系建设探讨［J］．金融科技时代，2012（12）：2.

[33] 祝智庭，闫寒冰，魏非．观照 MOOCs 的开放教育正能量［J］．开放教育研究．2013，19（6）：10.

[34] 何克抗．从 Blending Learning 看教育技术理论的新发展［J］．电化教育研究，2004（3）：1-6.

[35] 李美凤，李艺．TPCK：整合技术的教师专业知识新框架［J］．黑龙江高教研究，2008，4：74-77.

[36] Mishra P，Koehler M J，Herring M C. Handbook of technological pedagogical content knowledge（TPCK）for educators［J］. Learning Media & Technology，2016，36（1）：91-93.

[37] Mishra P，Koehler M J. Technological pedagogical content knowledge：Aframework for integrating technology in teacher knowledge［J］. Teachers College Record，2006，108（6）：1017-1054.

[38] Koehler M，Mishra P. What is technological pedagogical content knowledge（TPACK）［J］. Contemporary Issues in Technology and Teacher Education，2009，9（1）：60-70.

[39] 李辉，张标，高万林．大数据实验平台及资源建设的思考与探索［J］．实验技术与管理，2016，33（7）：195-199.

[40] 季刊，邓运，陈晓军．基于大数据分析高校学生行为［J］．福建电脑，2018，34（9）：137，133.

[41] 李晓丹，刘云翔，王浩，等．应用型计算机专业大数据分析实验室建设［J］．实验技术与管理，2017，34（9）：236-238.

后　记

回顾多年教育信息化工作的历程，这是一段艰辛与快乐并存、成功与失败同在的历程。技术作为社会进步最重要因素，这些年来一直在改变着教育，而且这种变革超过以往的任何时候。作为教育大变革洪流的经历者必须去面对种种机遇与挑战。一方面，新时代对人才培养提出了新的要求，传统的教育手段无法适应人才培养的需求，急需破解之道；另一方面，传统教育理念根深蒂固，教育变革阻力巨大。从 2019 年开始的这一场还未结束的疫情成为教育信息化的一场大检阅，从开始的匆忙应对，到最终战胜，无论是教师，学生和家长，还是学校、政府和企业都经历了一场教育信息化的大普及。我们在教育体系中的角色正在经历转变。

教育模式不可能一成不变，就像生产力一样，只有不断适应社会教育变革需要，顺应教师、学生及社会变革特点和教育模式变化，并随时根据现实情况做适当调整，做到教育方式与时俱进，教学内容吐故纳新，教学目标推陈出新，这是国家赋予教育工作者的使命，也是全体教师的职责。在当下和今后一段时间教育信息化创新最需要做好的就是通过技术的推广、应用和整合，让技术赋能教育，确保新形势下教学的质量，不仅要学会接受不同的教学方式，善于利用新媒体技术，而且要积极开创新的教学模式。但不论何种模式，教育的不变主体永远都是学生。